# 現代イギリス演劇断章

―舞台で聞いた小粋な台詞36―

*Notes on Contemporary British Drama*

谷岡　健彦

# 現代イギリス演劇断章——舞台で聞いた小粋な台詞36

# はじめに

マルセ太郎という芸人がいたのを、覚えていらっしゃるだろうか。マルセル・マルソーにあやかって芸名をつけたぐらいだから、もともとは舞台でパントマイムを披露していた人である。卓越した観察眼と身体表現能力を持ち、本物と見紛うほどリアルな猿の形態模写には定評があった。

しかし、マルセ太郎の名前をひろく世に知らしめたのは、「スクリーンのない映画館」と銘打たれた語り物のシリーズだろう。一本の映画を最初から最後まで、ひとりで仕方話ふうに語ってゆく芸である。マルセ太郎の巧みな話術と身ぶりによって、なにもない舞台の上に映画の場面がありありと浮かび上がってくるさまは圧巻だった。わたしは、マルセ太郎が小栗康平監督の『泥の河』を語るのを聞いて、すっかり映画そのものまで見た気になってしまっており、実は未見であることに、いまこの原稿を書きながらようやく気づいたという体たらくである。

マルセ太郎は、「スクリーンのない映画館」シリーズを始めたのは、ある日、持ちネタがないまま舞台に上がって、苦しまぎれに『泥の河』がいかに素晴らしい映画かを語って聞かせたところ、客席から思わぬ好反応が返ってきたのがきっかけだと言っている。マルセ太郎の至芸を引き合いに出すのはおこがましいが、わたしにも、その素晴らしさを多くの方に伝えたい作品がいくつかある。これから本書でご紹介するのは、わたしの愛してやまないイギリスの劇とテレビドラマだ。有名な作品もあるが、まだ一般にはあまり知られていないものの方が多いのではないかと思う。だが、安心してほしい。わたしは、マルセ太郎のような芸達者ではない。見もしない劇を見たかのように錯覚させ、その作品が実際に舞台にかかったときに、うっかり見逃してしまうといったことは起こらないだろう。

## 目次

# 1　「わたし、畑じゃない」

（デイヴィッド・ハロワー『雌鶏の中のナイフ』）
――David Harrower, *Knives in Hens*

優れた劇作家は、幕開きの台詞に細心の注意を払う。くどくどと場面の設定やら登場人物の来歴やらを説明していたら、観客の興味は舞台から離れていってしまう。余計な手数をかけず、一挙に観客を劇の世界へと引き擦り込まねばならない。

その点でわたしが感心したのは、デイヴィッド・ハロワーの一九九五年初演の処女作『雌鶏の中のナイフ』である。ハロワーは、一九六六年生まれのスコットランドの劇作家だ。

この劇は、若い女の「わたし、畑じゃない」という台詞で始まる。観客の意表を突く見事な幕開きではないか。いったい、自分が畑でないとわざわざ言い張らねばならないなんて、どんな状況だろう？　この女の話し相手は何者なのか？　この台詞の前になにがあったのか？　幕が上がるやいなや、いくつもの疑問が観客の頭をよぎり、次にどんな言葉が続くのか、しぜんと心待ちになる。つまり、観客は瞬時にして舞台の上の出来事に引き込まれてしまっているのである。

その後のやり取りから、この女が夫と話をしていること、冒頭の台詞の直前に夫から「お前は畑のようだ」と言われたらしいということが見えてくる。物語の舞台となっているのは、産業革命以前のスコットランドの寒村である。女は、自分が畑になぞらえられたことに腹を立てているというより、そもそも、あるものをなにかになぞらえるという表現方法自体がうまくのみ込めないでいるようで、夫との受け答えを聞いていると、どうやらきちんとした教育を受けてきていないらしい。劇は、このように直喩という修辞法も理解できない若い女が、少しずつ込み入った言回しを身につけてゆくさまを追ってゆく。

ミュージカルの『マイ・フェア・レディ』のように、言葉を習い覚えてゆく女性を主人公にした劇は珍しくないが、このハロワーの劇が面白いのは、幕開きの場面で女が直喩を理解できなかったのは、たんに彼女が無学だったためだけではないということが、しだいに明らかになってくるところだ。ハロワーは、近代以前の農村に住む人びとの世界の見方を、この若い女の言動のなかに書き込んでいるのである。

スコットランドは産業革命の揺籃の地だが、その進展とともに、一般の人びとの間に「神はその被造物には在せず」という考え方が広まってゆく。たしかに、木々の一本一本に神が宿っていると考えられているところでは、工場建設のために森林を伐採するなど、とうてい不可能だろう。

逆に言えば、産業革命以前のスコットランドの庶民は、多かれ少なかれ、万物のなかにその創造主を見ていたということだ。『雌鶏の中のナイフ』の若い女は、まさにそのようなアニミズム的世界観の持ち主で、ものにはそれぞれ神から授かった「正しい名前」があると信じている。彼女にしてみれば、ものをそうした正しい名前で呼ぶことこそが神の御意に召すことであるから、わたしを畑のようだと言うように、ある事物を別の事物の名前を借りて表現するのには抵抗を覚えざるをえない。あくまでも「わたしはわたし、畑は畑」と呼ばれねばならないのである。

この若い女の正しい名前の探求は、直喩の忌避にとどまらない。彼女はある日、「澄んだ水たまり」と「濁った水たまり」は別々の名前で呼ばれるべきだと言いだして、夫を困惑させる。また、彼女は「岩の下の冷たい土」や「疲れた馬の吐く温かい息」、「夕方、仕事を終えた後の男の顔」といったものを、それぞれひと言で言い切ることができる正しい名前があるはずだとも信じている。そうした正しい名前を見つけ、雌鶏の胃へナイフを押し込んでゆくときのように、事物の核心を言い抜いてやることが、神から課された自分の使命だと、彼女は考えているのである。

このような独特の使命感から言葉の習得に励むとすれば、その行き着く先が一風変わったところとなるのは必然だろう。『マイ・フェア・レディ』の主人公イライザは、上流階級の人びとが話す英語を身につけ、貧乏な花売り娘のままだったならば想像することすらできない世界に足を踏み入れることができた。新しい言葉を学んで、彼女の交友関係は広がったのである。

一方、『雌鶏の中のナイフ』の場合、言葉を身につけることで若い女の世界は逆に狭くなってゆく。妻を畑のようだと言って憚らない強圧的な夫を、村中の嫌われ者の水車小屋番と共謀して殺害した後、彼女は村の誰とも口をきかなくなる。劇の幕切れで、村を捨てて町に出てゆくことにした水車小屋番に向かい、彼女は「見るたびに、ものは変わる。新しい名前が見つかるの」とうれしそうに話すのだが、彼女が見つけた「新しい名前」はただぶつぶつ独り言としてつぶやかれるばかりで、観客の耳に届くことはない。

考えてみれば、彼女がこのように孤立してしまうのも無理はない。彼女以外の村人は、われわれ観客と同じく、「澄んだ水たまり」も「濁った水たまり」も一様に「水たまり」と呼んで区別をしない世界に暮らしている。水が澄んでいるかどうかで、いちいち水たまりを呼び分けるなんて面倒だ。若い女が見つけてくる新しい名前はあまりに「正しすぎて」、現実のコミュニケーションには不向きな言葉なのである。

しかし、わたしは、時間にも心にも余裕があるときならば、この若い女の独り言にしばらく耳を傾けていたい気がする。もし、それが雌鶏の胃に刺さるナイフのように事物の本質を射抜く言葉ならば、きっときわめて純度の高い詩語であるはずだから。

（二〇一一年四月）

## 2 「来る？ それとも、来る？」

（デイヴィッド・グレッグ『黄色い月』）
——David Greig, *Yellow Moon*

子ども向け、それも物事を斜に構えて見ることを覚え始めた中高生くらいの年代の観客向けに芝居を書くのはむずかしい。なにしろ、物心のつくころから、高画質のテレビやゲーム機に囲まれて育ってきた世代だ。世界各地の珍しい風景はおろか、魔法の国に住む妖精や、銀河を旅する宇宙船といった架空の事物にいたるまで、その色鮮やかな映像をすでにどこかで目にしている。いまさら、舞台でちょっとやそっとのものを見せたところで、たいして心を動かしはしない。

こうした手強い観客には、いっそ、なにも見せない方が効果的かもしれない。舞台上になにひとつ具体的なものは見せはしないが、心の眼でそこにすべてのものを見てもらうのである。学校巡演用の演目としてデイヴィッド・グレッグが書いた『黄色い月』（二〇〇六年初演）は、まさにそのような作品だ。グレッグは一九六九年生まれ。前章で取り上げたデイヴィッド・ハロワーと同じく、スコットランドの劇作家である。

この劇のあらましは、その副題「レイラとリーのバラッド」がよく表わしていよう。ふとしたことから警察に追われることになったレイラとリーという高校生の男女の逃避行を、バラッド（物語詩）ふうに語ってゆく劇である。標準的なリアリズムの劇とちがって、登場人物同士の会話のほかに、人物の内面や周囲の状況を描写する台詞、小説で言えば「地の文」にあたる台詞がふんだんに盛り込まれているのが特徴だ。舞台の上には、よく学校の教室で見かけるような椅子が数脚置かれているだけで、ほかに装置はなにもない。台詞の喚起するイメージと俳優の所作によって、この空白の舞台が、列車の客室にも山奥の洞窟にも変容するのである。

劇は、ふたりの出会いから始まる。ある冬の夜、レイラが深夜営業のスーパーでひとり雑誌を立読みしていると、安酒のボトルを服の下に隠したリーが、いっしょに飲まないかと声をかけてきた。リーは、しょっちゅう停学処分を受けている問題児で、服の下の酒も、離婚した母親の新しい交際相手からくすねた金で買ったものだ。ふだんなら、おとなしい優等生のレイラが相手にするような男子生徒ではない。

しかし、このときのリーの誘い文句がふるっていた。「来る？　それとも、来る？」。目標としているものが高すぎるためか、レイラはありのままの自分を好きになれずにいる。そんな彼女にとって、自信にあふれたリーの振舞いは、劇中の言葉を借りれば、「まるでこのスーパーの持ち主みたいで」「新しい世界へのドアを開いてくれるかのように」感じられた。レイラは、リーについていくことに決める。

だが、ふたりの出会いはいきなり暗転する。盗んだ金のことで母親の交際相手と口論となり、かっとなったリーが、手にしていたナイフでその男を刺し殺してしまったのだ。動転したふたりは、夜が明けるとすぐ長距離列車の始発に乗り込む。リーは、幼いころに生き別れになったままの父親が一度、北部の山奥の村から絵葉書をくれたのを思い出し、父親のもとへ行けばなんとかしてもらえると考えたのである。

ハイランドと呼ばれるスコットランド北部の高地地方は、手つかずの自然が荒涼とした風景を織り成しているところで、冬の寒さはいちだんと厳しい。都会育ちのリーとレイラは、軽装のまま山道を歩き出し、たちまち雪の中で方向を見失ってしまう。凍え死にしそうになっているふたりを、すんでのところで助け出してくれたのは、地元の山荘の管理人フランクであった。

フランクは、近くにある吹雪除けの洞窟へとふたりを案内すると、仕留めてきたばかりの鹿の腹を割き、急いで両手を腹の中に入れるよう命じる。凍傷を防ぐために、鹿の血や内臓のぬくもりで手を温めろというわけだ。もちろん、実際の舞台の上には鹿の死体など出て来はしない。観客にこの鹿の存在をいかにリアルに感じさせられるかは、演じる俳優

『黄色い月』の日本初演（高田恵篤演出）。リー役の柄本時生とレイラ役の門脇麦。青木司撮影、オフィスコットーネ提供

の技量に大きく関わっているが、その点ではグレッグがこの場面に添えた「地の文」の台詞も実に効果的に働いている。「暗い赤の肉の裂け目から、鉄分の混じった生温かい血の匂いが立ち昇る」。嗅覚に訴えるこの台詞のおかげで、俳優の所作が生み出す鹿の死体の質感は格段にその生々しさを増す。わたしは、この場面を見ていて、鹿の体内の血のぬめりまで指先に伝わってくるような感じがしたのを覚えている。

考えてみれば、不思議な話だ。観客が舞台の上に見ているのは、ふたりの男女の俳優がしゃがんで手の平を前に突き出している格好にすぎない。しかし、そこに巧みに計算された言葉が加われば、悴んだ指先が温まってくるときのあのむず痒い感覚まで、観客の胸中に喚起することができるのである。このように、グレッグの『黄色い月』は、そこにないものを見るという演劇独特の面白さを、若い観客にわかりやすく伝えている。
あやうく凍死を免れたこの日から、レイラとリーにフランクを加えた三人の奇妙な共同生活が始まる。レイラとリーは、初めての山の暮らしを大いに満喫するのだが、残念ながら、そうした楽しい日々は長くは続かない。警察の追跡がついにハイランドまで迫ってきたのである。ふたりは山奥の洞窟に逃げ込むが、そこも突き止められた。観念して洞窟を出て行く決心をしたリーは、レイラの方をふり返り、微笑みながら言う。「来る？ それとも、来る？」。

（二〇一一年五月）

# 3　「ふつうの人になんて会ったことがない」

（テレンス・ラティガン『銘々のテーブル』）
――Terence Rattigan, *Separate Tables*

古書の街、神保町には、いい映画館が二軒ある。三省堂書店裏の神保町シアターと、神保町交差点脇の岩波ホールだ。先日、この岩波ホールで『クレアモントホテル』というイギリス映画を見た。

ロンドンのうらぶれたホテルを舞台に、老境を迎えた未亡人と作家志望の青年との間の心の交流を描く佳編だが、作中、このホテルに初めてやって来た青年が、常連客の食事風景を見て思わず口にする「テレンス・ラティガンの劇みたいだ」という台詞が強く自分の耳に残った。ラティガン（一九一一－七七）の代表作のひとつ、『銘々のテーブル』のことを言っているのだろう。

ラティガンの『銘々のテーブル』も、うらぶれたホテルが舞台で、そこに長期滞在をしている常連客の間に、ふとした出来事をきっかけに生じるささやかな波乱を描く劇だ。第一幕は、別れた夫との復縁を求めて、このホテルには場違いなほど華やかな身なりの女が訪ねて来る話で、第二幕では、映画館で女性にわいせつ行為を働いて逮捕された退役陸軍少佐をめぐる物語が展開する。一九五四年に初演された舞台は好評を博して、二年を超えるロングランとなり、後にラティガン自身の脚色で映画（邦題『旅路』）も制作された。

一見すると、映画版ではバート・ランカスターとリタ・ヘイワースが演じている第一幕はともかく、第二幕の題材はずいぶん地味なように感じられる。しかし、劇作家としてのラティガンの職人芸を堪能できるのは、むしろこの第二幕の方だ。いかにもこの時代のイギリスの劇作家らしい控えめな口調、ぼんやり舞台を見ていたのでは物語の核心をつかみ損ねてしまうような抑制された筆致で劇が組み立てられているのである。

本作の第二幕に登場する人物のやり取りによく注意していると、この幕の核となるドラマは、台詞の字義どおりの意味から少しずれたところで進行していることに気づく。少佐の痴漢行為が警察沙汰となったことに対する他の常連客の反応のなかには、どこか奇妙に聞こえる箇所がいくつもあるからだ。

たとえば、すでに成人した自分の娘に対しても、日ごろから厳格な道徳に則った振舞いを求めている老婦人が、少佐は即刻ホテルから出て行くべきだと息巻くのはわかるにしても、少佐を弁護しようとして、若い男が「自分は少佐の行為には吐気を催すが、それは感情的なものであって理性的なものではない」などと言いだすのは理解しがたい。さらに彼は、こうした問題への認識不足のために自分は少佐に偏見を抱いていると認め、少佐のことをわかってやる必要があるとまで主張するのである。痴漢に対する認識を深め、偏見の克服に努めましょうと言われて、いったいどれだけの人が共感できるだろうか。

このように、若い男の台詞は、痴漢を弁護するものとしては常軌を逸している。しかし、もし少佐が映画館でわいせつ行為におよんだ相手が女性ではなく男性だったとすれば、彼の主張はたちどころに筋が通る。当時、イギリスではまだ同性愛行為が犯罪だったことを忘れてはならない。戯曲にはそうとは書かれていないが、周囲の反応を見るかぎり、この少佐は一九世紀末のオスカー・ワイルドと同じ罪で警察の厄介になったとしか考えられないのである。

幸い、少佐は、このホテルを切盛りする女主人の計らいで、追い出されることなく、そのまま滞在し続けることを許される。「正常という言葉を人間に当てはめようとするのはまったくのナンセンス」と思い、「ふつうの人になんて会ったことがない」と言い切るこの女主人は、作者ラティガン自身の考えにもっとも近いところにいる登場人物だろう。ラティガンもまた終生、自分のセクシュアリティを秘匿して生きることを余儀なくされた人だった。

だが、ラティガンはなぜ、劇の核心となる部分をわざと曖昧にするような書き方をしたのだろうか。意外に思われるかもしれないが、イギリスでは一九六八年まで上演台本の事前検閲があり、劇中で同性愛に言及することはいっさい認められていなかったのである。

そうなると当然、同性愛を題材にした戯曲を首尾よく舞台にかけようとすれば、検閲官の目を欺かねばならず、本作でラティガンが少佐のわいせつ行為の相手を女性と明記したのは、まさにそのためにほかならない。先に「いかにもこの時代のイギリスの劇作家らしい控えめな口調」と書いたが、それはたんにイギリス人の国民性によるものではなく、こうした検閲のあり方も関係している（ちなみに、映画の世界では演劇以上に同性愛を描くのが困難だったようで、本作の映画版では、少佐が同性愛者であることを示唆する台詞は、そのほとんどが置き換えられている）。

ただ、劇作家にとって救いだったのは、当時のイギリスの観客はたいてい、こうした検閲にまつわる事情に通じていて、遠回しな言葉遣いを正しく読み解く術を心得ていたことである。劇作家が真意をあえて台詞の裏側に伏せておけるのも、観客の鑑賞力を信用できるからこその話だし、一方、劇場に来る観客は背後に深みのある台詞を期待している。ラティガンの秀作の母胎となっているのは、こうした作り手と受け手との間にある相互信頼だ――演劇はまさに「座」の芸術なのである。

この春、ロンドンに出かけると、ラティガンの作品がいくつか舞台にかかっていた。今年はちょうど彼の生誕一〇〇年に当たる年である。

（二〇一一年六月）

# 4 「少し、いただけるかしら？」

（サイモン・スティーヴンズ『ポルノグラフィ』）
——Simon Stephens, *Pornography*

日本で七月七日と言えば七夕、天の川が流れる夜空を見上げて牽牛と織女の逢瀬に思いを馳せる日だが、イギリスではこの日付は痛ましい出来事の記憶と結びついている。世界を揺るがしたニューヨークの「九・一一」から数年後、ロンドンでも地下鉄やバスがイスラム教原理主義者の自爆攻撃によって爆破される事件があったのを覚えておいでの方も多いだろう。四人の実行犯を含めて五六人の死者と、七〇〇人にもおよぶ負傷者の出る惨事となったのだが、この爆破事件が起きたのが、二〇〇五年の七月七日の朝だった。

皮肉なことに、事件の前日の七月六日、ロンドン市民のもとには思わぬ吉報が届いていた。二〇一二年の五輪の開催地を決めるＩＯＣの総会があり、パリを有力視する大方の予想を裏切って、ロンドンが開催地に選ばれたのである。翌朝、職場や学校へと向かう途上で、七年後の五輪のことについてあれこれ楽しい空想をめぐらせていた人も少なくなかったにちがいない。しかし、四発の爆弾がすべてを変えてしまった。未来への明るい期待から、理不尽な暴力に対する恐怖へ――わずか二日の間に、住民がこれほどまでに大きな感情の振幅を経験させられた都市も珍しいだろう。

サイモン・スティーヴンズの『ポルノグラフィ』が描こうとするのは、ロンドンのこの劇的な二日間だ。ドイツの劇場から依頼を受けて二〇〇七年に書かれた作品で、本国のイギリスでは翌〇八年に初演されている。作者のスティーヴンズは一九七一年生まれ。近年、日本でもその作品が翻訳されて舞台にかかる機会が増えてきているイギリス演劇界の新星である。

スティーヴンズは、テロリズムという政治と宗教の両方にまたがる重い題材を扱うにあたって、劇に安易な起承転結をつけるのを注意深く避けたようだ。『ポルノグラフィ』は、ロンドンを舞台にした六つの独立した短編劇と、現実の事件の犠牲者全員の簡潔なプロフィールで構成されている。七つのパートはどのような順序で上演されてもよく、各パートをひとつの全体へとまとめあげる物語は用意されていない。つまり、スティーヴンズが提示するのは、爆破事件前後のロンドンの点景だけで、点景と点景の間をつなぐ線をたどり、その線をより大きな図柄へ織りあげてゆくのは、演出家および観客の想像力にゆだねられているのである。

スティーヴンズが書いた六つの短編のなかには、自爆攻撃の実行犯が決行直前の心境を物語るという非常に刺激的な一編もあるが（もちろん、まったくのフィクションである）、わたしがいちばん面白く感じたのは、ロンドンの都心から少し外れたところに住む身寄りのない老婦人のモノローグだ。

彼女は、人づき合いを煩わしく感じる性分のようで、のっけから「他人に話しかけようという興味は、わたしにはまったくない」と言い放つ。近年、ロンドンのバスから車掌がすっかりいなくなり、地下鉄の一部の路線では運転手さえなしに自動で運行される車両も走っているが、彼女はこのようにだんだん機械が人間に取って代わってゆくのをむしろ好ましく思っている。

逆に言えば、彼女は生身の車掌や運転手を機械と大差のないもの、機械で置き換えることが可能な存在と見ているわけだが、彼女のこうした人間観は、テロリズムを生み出す思想とどこか深いところでつながってはいないだろうか。無差別大量殺人は、そもそも人間を人間としてではなく、ただの物として見るからこそ可能になる（人間の身体をたんなる欲望の対象物としてしか見ないポルノグラフィも、人間を物へと貶める見方の一例だろう）。スティーヴンズはこのように、ロンドンの善良な市民の生活と原理主義者の凶行との間を結ぶ意外な線を、劇中に巧みに浮かび上がらせてゆく。テロリズムは、われわれの日常生活と無縁な場所で生まれてくる思想ではないのである。

さて、七月七日、この老婦人の日常にも小さからぬ変化が訪れる。市内の公共交通が完全に麻痺してしまったため、彼女は都心から徒歩で帰宅することを余儀なくされた。長い道のりを歩いて、ようやく自宅の近辺までたどり着くと、彼女は通りに鶏肉を焼く香ばしい匂いが流れているのに気づく。近所の人が庭でバーベキューをしていたのだ。ふだんは他人に話しかけたいなどとはつゆほども思わない彼女だが、この日はちがった。その家のドアをノックし、応対に出てきた人に、鶏肉を「少し、いただけるかしら?」と頼み込んだのである。

突然の来訪者の予期せぬ頼みに先方は一瞬戸惑うが、彼女の様子を見かねて、鶏肉を渡してやる。自宅に帰って、もらった鶏肉をひとりで食べているとき、彼女はふと頬に涙が伝うのを感じた。彼女のモノローグは、「なぜ自分が泣いているのか、さっぱりわからない」という言葉で結ばれている。

スティーヴンズは、彼女が涙をこぼした理由について、はっきりした説明を与えていない。しかし、ロンドン以上に人のつながりが希薄な東京に住むわれわれは、そして、大地震に見舞われた三月のあの日、同じく徒歩で長い道のりを帰宅した経験を持つわれわれは、彼女の頬を流れる涙について、あえて説明をしてもらうまでもないように思う。

(二〇一一年七月)

## 5 「温暖化だってな、オレたちのほかは」

（グレゴリー・バーク『ガガーリン・ウェイ』）
——Gregory Burke, *Gagarin Way*

大学を中退して職を転々としていた男が、ある日、一念発起して戯曲の執筆に取りかかった。べつに演劇が好きだったわけではない。それどころか、子どものころは、学校で芝居の上演があると、俳優が後ろを向いた隙に仲間と客席から物を投げ込み、舞台をぶちこわしにしては喜んでいる悪童だった。そんな彼がなんとか一編の劇を仕立てて、地元の劇場に持ち込んでみたところ、支配人の目に留まって舞台にかけられることになる。この無名の新人作家の作品は、いざ初日の幕が開くと観客や批評家から絶賛を博し、チケットがたちまち完売となる大ヒットを記録した——夢物語のようだが、現実の話だ。スコットランドの劇作家グレゴリー・バークのデビューをめぐる経緯である。

バークは一九六八年生まれ。彼が二〇〇一年に書いた処女作『ガガーリン・ウェイ』は、その年の夏のエディンバラ演劇祭でもっとも話題を集めた作品のひとつとなった。演劇祭での成功を受けてロンドンでの続演が決まり、バークはこの作品で批評家協会の新人劇作家賞を受賞する。その後、本作は日本語も含めて二〇カ国語に翻訳され、世界各地の劇場で上演されている。

物語の舞台となっているのは、スコットランドのパソコン工場の倉庫だ。この工場に勤める三〇代の男性工員エディとガリーは、自分たちの不満を表明するため、恐ろしい計画を実行に移そうとしている。本社から視察に来ている日本人幹部社員を誘拐し、見せしめとして殺害しようというのである。

だが、彼らの計画は最初からおかしな方向へと脱線し始める。まず、ガリーが縄でぐるぐる巻きにして倉庫に運び込んできた男が、どう見ても日本人には見えない。気絶している男の背広の内ポケットを探ってみると、フランク・ヴァン・デ・ホイと記された社員証が出てきた。標的を間違えたのだ（後に彼もスコットランドの生まれだとわかる）。

そこへ忘れ物を取りに、警備員のトムが入ってくる。大学を卒業したばかりの彼に、誘拐事件という不測の事態の対処ができようはずがない。動転した彼は過呼吸に陥って、気を失ってしまう始末で、倉庫の中の状況はますます混乱の度合いを深めてゆく。

その後も、毛糸にアレルギーのあるエディが覆面なんか被れないと言いだしたり、銃を用意することになっていたガリーが、別売りの弾丸を買ってこなかったことがわかったりと、自称テロリストのふたりの間抜けさ加減が面白おかしく綴られる。そして、このぶんだとエディとガリーの計画はどうやら未遂のままに終わりそうだと観客が思い始めたころ、トムとフランクに素顔を見られていることを恐れたエディが、持っていたナイフでふたりをいきなり刺し殺して幕となるのである。

劇のタイトルとなっているガガーリン・ウェイとは、劇中のパソコン工場からさほど離れていないランフィナンズという炭鉱町に実在する通りの名称である。言うまでもなく、一九六一年に人類初の宇宙飛行に成功した旧ソ連の宇宙飛行士ユーリ・ガガーリンにちなんで名づけられた通りだが、このような名前の通りが存在するということが、当時のこの付近の住民の政治的傾向を如実に物語っていよう。リトル・モスクワとも呼ばれたランフィナンズをはじめとして、スコットランドの炭鉱町はどこも社会主義の思想が深く根を下ろしていた。エディやガリーの父親の世代の男たちの大半は炭鉱で働き、より公平な社会を夢見て、ひとつの政治信条をみなで共有していたのである。

一方、ガガーリンの偉業から四〇年が経った『ガガーリン・ウェイ』の世界はどうだろうか。すでに炭鉱の多くは閉山となり、それとともに急進的な労働組合は解体された。組合がなくなって、ストライキという合法的な意見表明の手段を奪われると、労働者は社会に異議申し立てをしようと思えば、いきおいエディやガリーのような極端な手段に訴えざるをえない。また、かつてのような働く者同士の連帯という美風も失われつつある。つねに競い合うことを求められる現在の社会では、労働者の間にあるのは仲間意識ではなく、幕切れのエディの残忍な振舞いに象徴されるように、むしろ相互不信である。

このようにバークは、とても生まれて初めて戯曲を書いたとは思えない手際のよさで、二一世紀のとば口に立ったスコットランド社会の一断面を提示してゆくのだが、なかでもわたしが感心したのは、何気ない会話のなかに、劇全体のモチーフを体現するような台詞を巧みに滑り込ませている点である。たとえば、トム相手に夏がパッとしなかったことをぼやきながら、エディが口にする「温暖化だってな、オレたちのほかは」という台詞がそれだ。

地球温暖化が進んで、北極の氷が融け始めると、この北極からの冷たい海流が、暖かいメキシコ湾流の北上を妨げることになるらしい。スコットランドが高緯度のわりに暖かいのは、ほかならぬこのメキシコ湾流のおかげだから、地球温暖化が進めば進むほど、皮肉なことにスコットランドは寒くなる。そこで、エディは右の台詞を言ったわけだ。たんに事実を述べただけの台詞だし、おそらくバークはコミカルな効果を企図していたのだろう。しかし、エディが口にすると、世界規模で進展する経済の流れに取り残されてしまった男たちの悲哀も台詞の背後に感じられてくるのである。

今年も八月からスコットランドの首都エディンバラで演劇祭が開催される。北国の冷たい夏もこの時期だけは熱気を帯びる。

（二〇一一年八月）

# 6 「だって、あの子じゃなかったから」

（デイヴィッド・ヘア『鉄道』）
—David Hare, *The Permanent Way*

どう書けばいいか、わからなかった——二〇〇三年にロンドンで初演された『鉄道』の作者デイヴィッド・ヘアは、この戯曲の執筆依頼を受けたときのことを、後で率直にこう回想している。

言うまでもないが、ヘアは駆け出しの新人などではない。一九四七年に生まれ、六〇年代末から第一線で活躍している劇作家だ。九〇年代には、イギリスの教会、裁判所、国会を主題にした壮大なスケールの三部作を発表して絶賛を博し、九八年には女王から叙勲も受けている。

このように劇作家として押しも押されもせぬ実績を持つヘアにしても、イギリスの鉄道民営化とその後に続発した大事故についての劇を書くよう依頼されたときは、すっかり途方に暮れてしまったらしい。書くべき言葉が自分の内側に見つからないのであれば、他人の語る言葉に耳を澄ますほかあるまい。かくしてヘアは、『鉄道』という戯曲を書くにあたって、ひたすら聞き役に徹することにしたのである。

九〇年代前半の保守党政権下で鉄道の民営化を推し進めた高級官僚や銀行家から、民営化された鉄道会社の経営取締役、鉄道保線員、事故の被害者や遺族、さらには事故現場そばの教会の牧師にいたるまで、さまざまな関係者へのインタヴューが行なわれ、そこでの彼らの発言がそのまま『鉄道』の台詞となった。

言わば、ドキュメンタリー番組の演劇版を作るようなものである。インタヴューでの発言のなかから台詞として用いる部分を取捨選択したり、劇的効果を高めるために各人の発言の配列に工夫を凝らしたりはしているが、それ以上の手は加えられていない。つまり、この『鉄道』という戯曲のなかには、厳密な意味でヘア自身が書いたと言える台詞は一行もないのである。

このように徹底して虚構を排除している以上、当然のことながら、この劇にはふつうの意味での物語はない。実在の人物を演じる俳優が舞台に登場し、当人がインタヴューで口にした言葉を観客に向けて淡々と語るというだけの内容だ。

しかし、『鉄道』には劇的な起承転結こそないものの、たんなる事実の羅列には終わらない詩的な深みが備わっている。当初、劇を書きあぐねたヘアだが、関係者へのインタヴューを始めると、たちまち物語が見えてきたという。この作品を見ごたえのあるものにしているのは、こうした意味での物語だろう。ヘアは、インタヴューでの各人の言葉遣いの端々に、濃密なドラマを聞き取り、それを鮮やかに観客へ提示しているのである。

たとえば、一九九七年にロンドン郊外のサウソールで起きた列車衝突事故についてのくだりを見てみよう。この事故については、ある台詞のなかで、その経緯が明快に説明されている。それによると、運転席に付いているAWSという自動警報装置の故障を発車前に知っていながら、列車をそのまま走らせたことが惨事につながったらしい。ただ、最後尾の車両の運転席のAWSは正常に作動していたので、せめて出発駅で手間を惜しまず、列車の編成を前後逆向きに変え、最後尾車両を先頭にしていれば、衝突は避けられたかもしれないという。

この台詞を、たとえば鉄道警察官が口にしたのであれば、それはたんなる事実の報告である。語られている内容にも、とくに目新しさはない。だが、この発言の主が、二九歳の息子を事故で亡くした母親だとすれば、どうだろうか。とたんに台詞の意味がまるでちがって見えてくるだろう。

おそらく、今回の事故がなかったならば、鉄道マニアでもない彼女の口からAWSなどという専門用語が出てくることはけっしてなかったはずである。彼女は事故後、息子の生命を奪った列車衝突の原因を丹念に調べ上げたのだ。このように想像を広げると、発車前に面倒でも編成を逆向きにしていれば、大事故を未然に防止できたかもしれないと指摘する彼女の言葉は、いっそう痛切に観客の胸に響く。

この母親が、事故現場で息子の遺体と対面したときの様子を物語る場面も印象深い。六番と呼ばれている遺体のもとへと案内され、息子の顔を覗きこんだとき、彼女は大きな違和感を覚えたそうだ。息子の前髪が下りていたからである。事故で傷ついた遺体を修復する際に、担当者が髪に櫛を入れたのだろう。しかし、母親として知るかぎり、彼女の息子は生前、一度も前髪を下ろしたことはなかった。霊安室を後にするとき、彼女は息子との別れを済ませたようには思えなかったという。「だって、あの子じゃなかったから」。

鉄道事故で死者が出たとなれば、多くのメディアがこぞって報道するだろうが、右のような場面を報じる大手メディアがあるとは考えにくい。かりにあったとしても、せいぜい「変わり果てたわが子の姿に遺族は呆然としていた」と記して済ますくらいだろう。だが、こうした常套句からは、ヘアの言う「物語」がすっかり消えてしまっていることに注目してほしい。遺族は遺体のどこを見て変わり果ててしまったと感じたのか、そして、どのように呆然としたのかまでとらえて、初めて劇の台詞たりうるのである。

イギリスでは劇作家を褒めるとき、よく「いい耳をしている」と言う。デイヴィッド・ヘアの耳のよさは明らかだし、そのいい耳を生かして、大きなメディアに載らない小さな声を拾い上げるのが、劇作家の務めのひとつであることを、見事にこの『鉄道』で示しているように思う。

（二〇一一年九月）

## 7 「口に手をあてるのは、息を吐かずに止めておくため」

（キャサリン・グロヴナー『いつかすべて消えてなくなる』）
—Catherine Grosvenor, *One Day All This Will Come to Nothing*

娘の遺体を前にして、実の父親の口から「今日は人生最良の日だ」という言葉がついて出てくる。彼はべつに本心と正反対の皮肉を言っているわけではないし、極悪非道の父親を主人公に据えた劇の一場面をわざわざ取り出してきたわけでもない。この春、岩手県の大槌町で実際にあった出来事である。大震災に見舞われて以来、毎日欠かさず遺体安置所に足を運んでいた父親が、ある日ようやく、津波で行方不明になっていた娘を探し当てたのだった。

仏教では、百箇日の法要のことを卒哭忌とも言うらしい。慟哭を卒業する日、つまり故人のことを思って泣くのはやめ、新しい生活へと気持ちを切り替える日だそうだ。逆に言えば、遺族は新たな一歩を踏み出すまで、百日間は泣いてよいということだが、行方不明になっていた娘の遺体と対面したとき、この父親の胸をよぎったのは「これで泣ける」という思いだったのではなかろうか。娘の安否がはっきりするまでは、心おきなく涙を流すことさえできはしまい。悲しいことだが、娘の死を確認して、彼はようやく前を向いて生きてゆくためのスタートラインに立つことができたのである。

この痛ましいエピソードをある雑誌で読んだとき、わたしは、遠路はるばる娘の遺体を引き取りに来た男に向かって、主人公が思わず「あなたは幸運ね」と声をかけてしまう劇があったのを思い出した。キャサリン・グロヴナーが二〇〇五年に書いた『いつかすべて消えてなくなる』という作品で、作中には行方不明の近親者を抱えた人びとが、心労に身が細るような思いで日々を過ごしているさまが描かれている。作者のグロヴナーは一九七八年生まれ。本作が彼女のデビュー作である。

主人公は、アナという女性警察官だ。職業柄、行方不明者の捜索に関わるのは珍しいことではないが、皮肉なことに、ある日突然、彼女の夫のマークの行方がわからなくなってしまった。なにか事件に巻き込まれたような形跡はなく、自分の意志で家を出たのはたしかなのだが、書置きなどは残っておらず、生きているかどうかも定かでない。劇は、こうしてマークがいなくなった後のアナと、マークの両親マーティンとハリエットの暮らしぶりを綴ってゆく。

一見したかぎりでは、アナたちの生活にとくに変わった様子はない。マーティンの家にアナがやって来て、義理の親子が仲よく談笑している光景など、まるで平穏な家庭劇を見ているようだ。しかし、居間のテレビのチャンネルをドラマからニュースに切り替えようとするときや、アナの携帯電話に身元不明の死体に関する連絡が入ったときなどに、三人の間に鋭い緊張が走るのを見ていると、こうした穏やかさはうわべだけのものでしかないことがしだいにわかってくる。見かけこそふだんと変わらないが、その下には、マークの消息についての不安が大きく渦を巻いているのである。

だが、三人はそうした不安を含め、自分の思いや考えをけっしてあけすけに口にしようとはしない。平穏なうわべに波風が立つのを恐れるかのように、遠回しな言い方を慎重に選ぶのである。たとえば、マークが失踪してからしばらく月日が経ったある日、アナが重大な決心を義理の両親に告げるときの言葉はこうだ。「マークの自転車を売ろうと思うんだけど」。これに対して、マーティンは自転車を売っていいとも悪いとも明確な返答をしない。代わりに、マークがいかに子どものころから自転車に乗るのが好きだったか語り始め、彼に最初に買ってやった自転車はまだガレージに置いてあると言うのである。

ふたりのぎくしゃくしたやり取りを見かねたハリエットが、マーティンをたしなめ、アナは自転車を売ってよいということになるのだが、このとき、マーティンはふと、妻の身体が手を触れれば壊れてしまいそうなほどこわばっていることに気がつく。親として息子の帰りを信じたい気持ちと、いつまでもアナを過去に縛りつけておくわけにはいかないという思いの間に身を引き裂かれ、ここでいちばん苦しい決断を強いられたのは、実はハリエットだったのだ。

人は悲惨な事故現場などを目の当たりにすると、どういうわけか手を目ではなく口のところに持ってゆく。ハリエットによれば、「口に手をあてるのは、息を吐かずに止めておくため」らしい。こうすれば、悲鳴を胸の奥へと押しとどめ、人前で取り乱さずに済ませられる。われわれが無意識のうちに手で口を塞ぐのは、悲しい出来事に遭遇しても自己抑制を失わないための所作だと、ハリエットは言うのである。

ハリエットの見方にならえば、この劇でアナたち三人はみな、口にしっかりと手をあてて、マークのいない暮らしを続けて

『いつかすべて消えてなくなる』の作者キャサリン・グロヴナー

いる。大きな音を立てて、彼らの感情が迸り出ることはめったにない。しかし、彼らの言葉遣いや立居振舞いによく注意していると、ちょっとした身体のこわばりなどをはじめとして、そこかしこに彼らの押しとどめられたままの叫び声を聞きとることが可能だ。そして、こうした無言の叫びには、時として、耳をつんざく悲鳴以上に重い感情が込められていることがあるのである。

東日本大震災の発生から、すでに半年以上が経過した。しかし、わたしがこの原稿を執筆している二〇一一年九月の時点で、依然として四〇〇〇人を超える方々の行方が明らかになっていない。

（二〇一一年一〇月）

## 8　「このドジの役立たずが！」

（ロナ・マンロウ『アイアン』）
―Rona Munro, *Iron*

いい台詞は、必ずしも美しく詩的な言葉で綴られているとはかぎらない。ときには、下品きわまる口汚い罵倒が観客の胸を打つこともある。スコットランドの女性劇作家ロナ・マンロウの戯曲『アイアン』を読んでいて目を引いたのは、そうした品のない言葉が輝きを帯びる劇的瞬間であった。

マンロウは一九五九年生まれ。八〇年代から劇作を始め、演劇だけでなくテレビや映画の脚本も数多く手がけている。『アイアン』は二〇〇二年の作品で、その年の夏のエディンバラ演劇祭で初演された。

舞台となっているのは、スコットランドの女子刑務所だ。ここにフェイという中年の女が服役している。彼女は一五年前に夫を殺害し、無期懲役に処せられたのだった。

物語は、この刑務所にフェイの娘ジョージーが、ひょっこり面会にやって来るところから始まる。彼女は事件以来、母親と一度も顔を合わせておらず、これが一五年ぶりの母娘の対面である。長い間、生き別れになっていた親子の再会の劇と言えば、日本では長谷川伸の名作『瞼の母』などが思い浮かぶが、この『アイアン』という作品を面白くしているのは、ジョージーの瞼の裏には、父の面影も母の面影もまったく残っていないことだ。事件当時一〇歳だった彼女は、刺殺された父親の死体を目の当たりにしてしまったショックが原因で、それ以前のことについてはほとんどなにも覚えていないのである。

事件の後、ジョージーは殺された父親の母、つまり祖母の手によって育てられ、優秀な成績で大学を卒業する。一流企業に就職して、しばらくカリフォルニアに海外勤務をするのだが、幼少のころの記憶に大きな欠落がある自分は根無し草ではないのかという思いを禁じえない。そこで、自分の根っこのありかを確かめるべく、生まれ故郷のスコットランドに戻って、母親のもとを尋ねてきたのであった。

見ちがえるように成長した娘の突然の来訪に、フェイは少々戸惑いながらも、喜びを隠せない。鉄格子の嵌った小さな窓からスコットランドのどんより曇った空を見ているほかないフェイにとって、ジョージーが語るサンディエゴの眩いばかりの浜辺の様子など、想像するだけでも心が躍る魅惑的な風景だ。一五年間、刑務所で味気ない生活を送ってきたフェイに、娘が外の世界の風を運んできてくれたのである。

ジョージーに問われるままに、フェイは、かつて親子三人が幸せに暮らしていたころのことを訥々と話し始める。庭いじりが好きだった父親の横で、幼いジョージーは日がな一日、飽きもせずに地面の虫を観察して遊んでいたとフェイが語ると、ジョージーは、庭から家に上がろうとしたとき、ピンクのドレスを着たきれいな女の人が自分の足の土を払ってくれたのをふと思い出す。もちろん、このきれいな女の人こそ、若き日のフェイである。

こうして面会を重ねるうちに、ジョージーの脳裏に、やさしい母フェイの記憶がしだいによみがえってゆく。しかし、これはフェイにとって喜んでばかりもいられない事態を招くことになった。ジョージーが、あのやさしい母が殺人を犯したのは、まだ顔も思い出せない父の側に原因があったにちがいないと考え始めたのである。ある面会日に、娘がいまの職を投げ打ってまで、自分の減刑請求に奔走しようとしていると聞くにおよんで、フェイは自分がやさしいだけの母ではなかったことを娘に告げざるをえないと判断する。

フェイは、殺人事件の顛末をこと細かに語りだす。彼女が夫を刺したのは、夫婦喧嘩の最中に夫がにやにや笑い出したのが腹に据えかねたからで、ジョージーが考えるように、夫から虐待を受けていたからではなかった。それでもなお母をかばう言葉を探そうとする娘を制するかのように、フェイは、ジョージーが面会のときの差入れに、頼んでおいた煙草ではなく、果物ばかり持ってくるのをなじり始める。「このドジの役立たずが！」。彼女はぞんざいな口調でこう吐き捨て、ジョージーにもう二度と面会に来るなと命ずるのである。

ジョージーが煙草の差入れをしないのは、母親の健康を気遣ってのことだとフェイもわかっている。彼女はそうした娘の心遣いをあえて乱暴な言葉で踏みにじることで、自分がいったん見境を失えば、だいじな家族を平気で傷つけてしまう危険な人間であることを示し、こんな自分のために大切な時間を無駄にしてはならないと、ジョージーにはっきりわからせようとしたのだ。

『瞼の母』の番場の忠太郎は、生みの母に冷たくあしらわれ、「こう瞼の上下ぴッたり合せ、思い出しゃあ絵で描くように見えてた」母がすっかり消えてしまったと悲しむが、フェイは娘の将来を思って、娘のなかで美化されている自分のイメージを荒っぽく拭い消してやる。だが、彼女はただ娘の幻想を壊したというわけでもなかった。

フェイとの最後の面談を終えた後、ジョージーは看守に、パーティーで父が自分とダンスをしてくれたことを懐かしそうに語り、看守の口元が父にそっくりだと言う。フェイから事件の詳細を聞いたことをきっかけに、ジョージーは父の記憶を取り戻していた。言わばフェイは、瞼の母の代わりに、瞼の父を娘に与えてやったのである。

一方、フェイはその後、運動の時間に庭の石を拾い集めているところを看守に見咎められる。ジョージーを失ったいま、この石で金属片を研ぎ、手首を切ることぐらいしか、刑務所の外の世界につながる通路はフェイには残されていないのだった。

（二〇一一年一一月）

# 9 「君の正直さに感謝する」

（パトリック・マーバー『クローサー』）
—Patrick Marber, *Closer*

古代ギリシアの大哲学者アリストテレスは『詩学』の中で、悲劇は「初めと中間と終わりをもつ」と述べている。この一節を初めて読んだとき、わたしは、ほんとうにこれが西洋思想史に屹立する哲人の言葉なのかと訝しく思ったものだが、言回しの素朴さに騙されてはいけない。アリストテレスはここで、まとまりのある悲劇を仕立てるには、導入部から展開部を経て終結部に至るという構成にする必要があると説いているのである。日本の伝統芸能でよく序破急などと言うのに近いかもしれない。

しかし、悲劇の場合はともかく、恋愛を主題に劇を書くときも、このアリストテレスの至言に耳を傾けるべきなのだろうか。一瞬一瞬が緊張に満ちている「初め」と「終わり」だけを取り出して描き、波乱に乏しい「中間」は、思い切って観客の想像に委ねてしまっても面白い舞台になるのではなかろうか。パトリック・マーバー（一九六四年生まれ）の『クローサー』は、まさにそのように書かれている作品だ。一九九七年五月、一八年ぶりの労働党政権の誕生に沸くイギリスで、本作の初演の幕は開いた。のちにジュード・ロウやジュリア・ロバーツといった豪華キャストによって映画化もされており、こちらをご覧になった方も多いかもしれない。

物語の舞台は現代のロンドン、登場人物は二〇代から三〇代の男女四人だ。ある朝、出勤途中の新聞記者ダンは、若い女が路上に倒れているのを見て介抱してやる。アリスという名の彼女は、道路を横断しようとしてタクシーにぶつかってしまったらしい。病院での診察の結果、幸い、たいした怪我ではないとわかると、ダンはアリスに請われるまま、その日は会社を欠勤して彼女と過ごすことにする。都会的な恋の物語の鮮やかな導入部だ。

ところが、次に観客が目にするのは、ダンがカメラマンのアナをしきりに口説いている光景である。前の場面から一挙に一年半が経過していて、ダンはもうアリスに飽き始めているらしい。この後、アナはラリーという医師と出会って結婚するのだが、ダンはアナへの横恋慕をやめようとしない。そして、また場面が変わると、ダンとアナの関係は親密さを増しており、それぞれの現在の交際相手とは、破局が避けられなくなっている。このように、マーバーは大胆に途中経過を省略しながら、四人の男女が四年半にわたって繰り広げる恋愛の諸相を手際よく観客に見せてゆくのである。

表面だけを見れば、この劇の登場人物は場面ごとに出会いと別れをくり返し、めまぐるしく交際相手を変えてゆく。しかし、四人の振舞いが必ずしも軽薄だと映らないのは、急激な関係の変化に直面した彼らの気持ちの揺れを、マーバーが生々しく劇中に描き込んでいるからだろう。

たとえば、アナとラリーの結婚が破綻する場面を見てみよう。ラリーが出張先のニューヨークから帰宅すると、アナは真夜中というのに外出着を身に着けている。家を出てダンと暮らすことにしたと、いきなり告げられた彼は、妻を問い詰めずにはいられない。「このソファでヤツと寝たのか」「ヤツの精液はどんな味だ」と、ラリーは矢継ぎ早に質問を浴びせてゆく――そんなことを尋ねたところで妻を引き留められるはずもなく、おたがいをいっそう傷つけることにしかならないとわかっていながら。ラリーの強い語調に負けずに、アナも「あなたのより甘い味がするわ」と言い返す。「君の正直さに感謝する」。これがラリーの別れの言葉だ。「感謝」という言葉が、これほどまでに攻撃的に響くのも珍しい。

こうしてアナに去られたラリーが、ひとり歓楽街の店に入ってくるところから、次の場面が始まる。その店には、ダンと別れたばかりのアリスが、ジェーンという名で働いていた（ラリーとアリスはすでに面識がある）。テーブルに接客に来た「ジェーン」に、ラリーは自分の近況を打ち明け、彼女にも率直に自分はアリス・エアーズだと名乗ってもらおうとする。だがアリスは、自分の名前はジェーンだと言い張って譲らない。しびれを切らしたラリーが、所持金すべてをチップとして渡し、本名を言ってくれるように頼んでも、アリスの答えは同じである。「わたしの本名は、ジェーン・ジョーンズよ」。

一見すると、ここでアリスは、その前の場面のアナとはちがって、執拗にほんとうのことを知りたがるラリーの追及を、うまくいなしたかのように見える。しかし、マーバーが用意しているのは、見事にひねりの利いた結末だ。ロンドンでの生活に見切りをつけてアメリカに旅立ったアリスは、ニューヨークで交通事故に遭って死んでしまう。警察が彼女のパスポートを調べたところ、そこにはジェーン・ジョーンズという名前が記されていた。アリスは、実はラリーに自分の本名を告げていたのである。

アリスという名前には、もうひとひねりがある。ダンがアリスと初めて会った道路のそばの公園には、市井の人びとの善行を讃えた記念碑があり、そこには、自分の命を犠牲にして三人の子どもを火災から救い出したアリス・エアーズという一九世紀の女性の名が刻まれていた。アリスという偽名は、この女性から取られたものだろうが、二〇世紀のアリスもまた、その死によって、三人の男女を錯綜した愛憎関係から解放したとも言えなくはない。ある意味、嘘から出た真である。本作について作者のマーバーは、真実を語ろうとする人びとをめぐる劇だと述べているが、わたしには真実と嘘の見定めがたさを描いた作品のように思えてならない。

（二〇一一年一二月）

# 10 「フィッシュ&チップスが食べたい」

（ラッセル・T・デイヴィス『ドクター・フー』）
——Russell T. Davies, *Doctor Who*

国際線の飛行機に乗るとき、わたしが楽しみにしているのは、フライトの間に英米のテレビドラマを見ることだ。ひと昔前まで飛行機内での娯楽と言えば、客席前方の大きなスクリーンに映し出される映画を見ることぐらいだったが、最近ではエコノミークラスでも、各座席に小さなモニター画面が備え付けられているのがふつうになった。プログラムも充実していて、古今の秀作映画のほか、世界の人気テレビ番組も楽しめる。映画の場合、海外で評判になった作品はたいてい、しばらくすれば日本でも公開されるが、外国のテレビドラマは、よっぽどの話題作でもないかぎり地上波で放送されることはまれだ。衛星放送にもケーブルテレビにも加入していないわたしにとって、国際線の娯楽プログラムは、ふだん見られないドラマを視聴できる貴重な機会なのである。

とは言っても、肩の凝らないコメディ番組を見ながら、成田からヒースローまでの一二時間をぼんやり過ごしていることが多いのだが、あるとき、名前だけは聞いたことのある

SF番組にチャンネルを合わせてみたところ、ぐいぐいと物語に引き込まれて、画面から目が離せなくなった。子ども向けの番組と聞いていたのに、いい歳をした自分の目から涙があふれ出てきて止まらない――これが、BBC制作の人気ドラマ『ドクター・フー』との最初の出会いである。

BBCが『ドクター・フー』の放映を開始したのは、一九六三年のことである。主人公のドクターは、見かけはふつうの人間だが実は異星人という設定で、タイムマシンに乗って時空を自由自在に移動する。毎回、地球侵略をもくろむ怪物や異星人との対決が描かれるのだが、要はそうした勧善懲悪の物語の形式を借りながら、過去へと旅することで歴史を、未来に足を向けることで科学を、子どもたちに楽しく学ばせようと企図しているのだろう。放映開始以来、多くの視聴者に好意的に迎えられ、数年ごとにドクターを演じる俳優を交代させて続編が制作されてゆく長寿番組となった。内容がマンネリ化したために、一九八九年にいったん打切りになったが、二〇〇五年によそおいを一新して放映が再開されている。わたしが機内で見たのは、この新しい『ドクター・フー』のなかの一話だった。

八九年以前の『ドクター・フー』を一話も見ていないので比較はできないが、新しい『ドクター・フー』は、しっかりと練り込まれた脚本の素晴らしさが印象的だ。脚本家チームのチーフを務めるラッセル・T・デイヴィス（一九六三年生まれ）は、一六年ぶりに人気番組を復活させるにあたり、過去の番組を焼き直すのではなく、放映開始当時のスタッフの知恵と勇気を引き継ごうとしたという。具体的には、この番組が、宇宙船やロボットが出てくるだけの話にならないよう心がけたらしい。彼をはじめとする脚本家たちが知恵と勇気を注ぎ込んだ甲斐あって、新しい『ドクター・フー』は、大人の鑑賞にも耐えうる厚みのあるドラマに仕上がっている。

一六年ぶりの新シリーズは、現代のロンドンを舞台にした話で始まった。ロンドン市内の百貨店で働く一九歳の少女ローズは、ある日、店内で突如動き始めたマネキン人形の集団に襲われる。危機一髪のところを、謎めいた男に助けられるのだが、もちろん、この男こそがドクターだ。彼は、マネキン人形を操っている異星人を、不思議な道具を駆使して地球から追い払った後、ローズに自分の助手としてタイムマシンに乗ってみないかと持ちかける。かくして、番組の標準的な視聴者の視点という役割を担うローズが、ドクターの時間旅行に随伴するというシリーズ全体の骨格が、第一話で固められたのである。

第二話で、ドクターはローズを五〇億年後へと連れてゆく。巨大化した太陽のために地球が消滅するところを、ローズと見物するためだ。すでに人類は地球外へ移住を済ませており、地球のそばを回る宇宙ステーションには、美しい惑星との別れを惜しもうと、人類を含めたさまざまな生命体が集まってきている。地球の熱帯雨林から進化した樹木人など、異星人のユニークな造型が見ていて楽しいが、この回の見せ場はやはり地球の最期の瞬間だろう。真っ赤に膨れ上がった太陽に飲み込まれ、粉々に砕け散ってゆく地球のＣＧ映像は、圧倒的な力で見る者に迫ってくる。

しかし、第二話をただの「宇宙船やロボットが出てくるだけの話」に終わらせていないのは、その見事な結末だ。ドクターとローズは、最後にまた二〇〇五年のロンドンに戻ってくるのである。タイムマシンのドアを開けると、外にはいつもの都会の雑踏が広がっている。しかし、地球の消滅を見届けたばかりの目には、道行く人たちの顔がどれも愛おしく映る。あたりに漂う香ばしい匂いに気づいたローズは、ドクターに言う。「フィッシュ＆チップスが食べたい」。この回は、イギリスでもっとも大衆的な料理を買いに、ふたりが人込みの中へと消えてゆくところで終わるのだが、このありふれた日常のかけがえのない美しさは、テレビの前に座る小さな子どもたちの目にも確実に伝わったことだろう。

ちなみに、わたしが機内で見たのは、『父の思い出』という第八話だ。気圧の関係で涙腺がふだんより緩くなっていたのだと思うが、地上であらためて見直してもほろりとさせられる佳編である。

（二〇一二年一月）

# 11 「キスの時間は終わった」

（マーク・レイヴンヒル『十の災い』）
—Mark Ravenhill, *Ten Plagues*

初対面の挨拶の折に、自分は現代のイギリス演劇を専門に研究していると告げると、「わたしもミュージカルは大好きです」という言葉が返ってくることがよくある。多くの人にとって、現代のイギリス演劇と言えば、ロンドンのウェストエンドで上演されている『レ・ミゼラブル』などのスケールの大きなミュージカルなのだろう。しかし、あいにく、わたしはロンドンでそうしたミュージカルをもう二〇年近く見ていない。目抜き通りの大劇場の客席に座って、贅を尽くした舞台を見物していると、あまりに現実離れした華やかさにどことなく居心地の悪さを感じてしまうのだ。日本でも、歌舞伎や宝塚歌劇より、小さな劇場で久保田万太郎や岸田國士の一幕物を見ている方が、はるかに性に合っている。

このように概して派手な舞台は好まぬわたしだが、最近、公演初日から一ヵ月以上も前にチケットを予約して見に出かけたミュージカルがある。二〇一一年のエディンバラ演劇祭で初演された『十の災い』という作品がそれだ。一九八〇年代にソフト・セルというバンドでヴォーカリストを務めていたマーク・アーモンドが、初めて俳優として舞台に立つことが現地では話題となっていたが、わたしの関心を引いたのはむしろ、出演者に彼の名前しか記されていない点だった。大人数のキャストによる華麗なスペクタクルを売り物にするミュージカルが多いなか、出演者がたったひとりという本作のおよそミュージカルらしからぬ質素さに興味を覚えたのである。

作詞を担当したマーク・レイヴンヒルは、一九六六年生まれ。すでに二〇〇一年に『マザー・クラップの男娼館』という大がかりなミュージカルの台本を手がけた経験もある劇作家だが、今回、彼は作曲家のコナー・ミッチェルとともに、ウェストエンドの舞台にかかっているものとはひと味ちがったミュージカルを作ろうとしたと言っている。モデルとしてふたりの念頭にあったのは、演劇作品ではなく、シューベルトの『冬の旅』のような連作歌曲集だったらしい。つまり、ピアノ伴奏による独唱だけで観客に物語を伝えてゆくミュージカルを、彼らは企図したのである。

物語の舞台となっているのは、一六六五年のロンドンだ。この年、ロンドンはペストの大流行に見舞われた。住民の三分の一が命を落とし、残る三分の二のうち約半数が感染を恐れて郊外に避難したというから、市の人口は一時、ペストのために三分の一にまで激減したことになる。『十の災い』は、この恐ろしい伝染病の流行の一部始終を、その間、ロンドン市内にとどまり続けたひとりの男の視点から綴ったミュージカルである。

物語は、街にペスト蔓延の兆しが現れたところから始まる。国王をはじめとして為政者たちは、早々とロンドンから逃げ出してしまい、人びとがせめて神の加護を得ようと教会の門をくぐってみれば、もはや聖職者の姿も見当たらない。流行が始まったばかりのころは、一夜にしてペストに愛娘を奪われた母親の悲嘆に、多くの市民がもらい泣きをしたものだが、死者の数が増えるにつれて死に対する感覚が鈍くなり、近ごろでは道端に死体が折り重なっていても誰も気に留めなくなった――このように、歌を通して当時のロンドンの惨状が活写されてゆくのだが、本作をたんに過去の疫病を描いた劇に終わらせていないのは、舞台上のマーク・アーモンドの存在である。ゲイであることをカミングアウトしている彼を主人公に起用することで、ペストが流行する一七世紀のロンドンに、エイズに襲われた一九八〇年代のゲイ・コミュニティのイメージも重ね合わされるのである。

ある夜、アーモンドが演じる男のもとへ、男性の恋人が訪ねてくる。喜んで部屋へ迎え入れようとする男を制し、恋人は自分の腹部の腫瘍を示して死病を得たことを告げる。彼は永久の別れを告げに来たのだった。感染の恐れがあるため、男は最後に恋人を抱きしめてやることもできない。離れて立ったまま、さよならを言う男の胸に苦い思いがよぎる。「キスの時間は終わった」。数日後、男は死体置場に恋人の身体が投げ込まれるのを目撃する。疫病は、彼から恋人だけでなく、恋人との人間らしい別れをも奪い去っていったのである(ちなみに、作者のレイヴンヒル自身、エイズを発症させうるＨＩＶに感染している)。

もちろん、本作を、エイズ以外の視点から解釈することも可能である。わたしは、レイヴンヒルの歌詞を聞いていると、そこに描かれる一六六五年のロンドンに、現在の日本が重なって見えてしかたがなかった。たとえば、主人公の男が市場で肉を買って代金を払おうとすると、肉屋の主人は硬貨を酢でよく洗ってから渡せと言う。ペストから身を守るために、生活の隅々にまで神経を尖らせているわけだが、こうした彼らの暮らしぶりが、福島の原子力発電所の事故以来、食品や飲料水の質に敏感にならざるをえないわれわれと似ているように思えたのである。ペストにしろ、放射能にしろ、姿の見えない災厄が降りかかってきたとき、人間が取る反応は古来たいして変わらないのかもしれない。

やがて、猛威を振るったペストも終息へと向かい、郊外に避難していた人たちが帰ってきて、街は明るさを取り戻す。だが、数々の惨禍を目にしてきた男は、最悪の時期のロンドンを見ていない彼らの言動に違和感を隠せない。「けっしてわかり合えることはない」という言葉が男の口から漏れるのだが、これは、まるで福島の事故などなかったかのように従来の原子力政策を推し進めようとする一部の人びとに、わたしが抱く思いでもある。

(二〇一二年二月)

## 12　「われわれはみな共同体の一員なのです」

（J・B・プリーストリー『夜の来訪者』）
——J.B.Priestley, *An Inspector Calls*

二〇世紀のイギリスで、在職中にいちばん大きな功績を残した首相と言えば誰になるだろう？　一時は圧倒的な劣勢に立たされながらも、不撓不屈の精神で国民の士気を鼓舞し、第二次世界大戦を勝利へと導いたウィンストン・チャーチルか。あるいは、いわゆる英国病の克服のために、いっさいの妥協を許さぬ改革を断行して、「鉄の女」とまで呼ばれたマーガレット・サッチャーか。二〇〇四年にイギリスの研究機関が、政治学者や歴史学者を対象にアンケートを行なったところ、意外なことに栄えある第一位に選ばれたのは、右に挙げたふたりのいずれでもなくクレメント・アトリーだった。

アトリーは、一九四五年七月の総選挙でチャーチルを破って政権の座に就いた労働党の首相である。大戦で疲弊した国民の生活を立て直すべく彼が導入した社会保障の諸制度、とりわけ、誰もが無料で医療を受けられる国民健康保険の整備に、二一世紀の政治学者たちは高い評価を与えたのだ。ナチス・ドイツ相手に勝利を収めることとくらべると、地味な業績に映るかもしれない。しかし、国民皆保険を公約にして当選したアメリカのオバマ大統領の医療保険改革が、民間の保険会社や医療産業の抵抗ですっかり骨抜きにされてしまったことを考えれば、政治指導者としてのアトリーの手腕は、やはり卓越していたと言わねばなるまい。

もちろん、アトリーが手際よく政策を実現できた背景には、世論の後押しがあったことも忘れてはならないだろう。富める者も貧しき者もひとしく戦争の苦難に耐えたのだから、平和がもたらす恩恵は、一部の支配層だけでなく、国民すべてに平等に分配されるべきだという考えが、階級がいま以上に色濃く残っていたイギリス社会にひろく共有されていたのである。一九四五年のモスクワでの初演の後、イギリス本国では一九四六年に初めて上演されたJ・B・プリーストリー（一八九四－一九八四）の『夜の来訪者』は、こうした時代の空気を反映した社会派推理劇だ。

劇の舞台は、地方都市の工場主アーサー・バーリングの邸宅で、時代は第一次世界大戦前の一九一二年に設定されている。競合する工場の跡取り息子ジェラルドと、アーサーの娘シーラとの婚約が決まり、内祝が催されているところだ。食事の後、家族が居間でくつろいでいると、家政婦がグールという名の警部の来訪を告げる。エヴァ・スミスという若い女が服毒自殺をしたので、事情聴取に来たらしい。ジェラルドを含め、家族の誰もそのような名前に心当たりがなく、招かれざる客の闖入に不快感を隠せない。しかし、警部の尋問が進むにつれ、この一家とエヴァ・スミスとの思わぬ結びつきが浮かび上がってくるのである。

エヴァ・スミスは生前、アーサーの工場で働いていたことがあった。真面目な工員だったが、すげなくアーサーに解雇された。わずかばかりの賃上げを求めて、ストライキを決行したからである。幸い、すぐに彼女は近所の洋服店に再就職できた。だが、買物に来たシーラが、エヴァの器量のよさに嫉妬して、接客態度のことで理不尽なクレームをつけ、彼女はここでもまた失職の憂き目に遭う。その後、偶然、酒場で知り合ったジェラルドに愛人として囲われるのだが、彼はシーラとの婚約が迫ると、さっさとエヴァのもとを去っていった。娼婦に身を落さざるをえなくなったエヴァは、アーサーの息子のエリックと関係を持ち、子どもを身ごもってしまう。進退きわまったエヴァが、慈善協会に援助を求めたときに、その申し出をにべもなく拒絶したのは、アーサーの妻シヴィルだった――このように、バーリング家は、家族そろってエヴァ・スミスを一歩一歩自殺へと追い込んでいたのである。

これだけのことを明るみにした後、グール警部はアーサーたちに、エヴァ・スミスのような労働者階級の人たちも、裕福な彼らとけっして無縁なところで生活を送っているわけではないと教え諭す。ひとつの社会のなかで生きている人びとの暮らしは、階級の壁を越えて密接に絡み合っているのだ。「われわれはみな共同体の一員なのです」。少しも飾り気のない素朴な台詞だが、長い戦争による荒廃の後、より平等な新社会を建設してゆこうとしていた当時の観客の耳には、さぞ力強く響いたことだろう。

この印象深い言葉を残して、グール警部はバーリング邸を去るのだが、その後のアーサーの振舞いが面白い。彼はグール警部の素性を訝しみ、警部が語ったエヴァの自殺をめぐる経緯は全部でたらめではないかと言いだすのである。一九一二年の時点でなお、ドイツとの戦争はありえないと断言するアーサーは、あわれにも未来を予見できない人物として描かれている。だが、彼はそもそも、ありのままの現実を眼前に突きつけられても、それを直視するのを拒む男なのだ。こうした彼に、作者のプリーストリーは、とびきりひねりの利いた結末を用意しているのだが、それはここでは明かさないでおくことにしよう。

アトリー首相が戦後のイギリスに築き上げた手厚い社会保障制度は、サッチャー首相の時代に大幅に縮減される。いみじくも、彼女が標榜したスローガンは「社会なるものは存在しない」であった。彼女の改革によってイギリス経済は好転したのかもしれないが、ひとつの社会に共生しているという意識がないところでは、ひとたび恵まれない境遇の人たちの不満が爆発すると歯止めが効かなくなるだろう。「いま学ばなければ、いずれ火と血と苦悩のなかで学ぶことになる」というグール警部のアーサーたちへの警告を、昨夏、イギリス国内の暴動の報道を耳にして思い出した。

（二〇一二年三月）

## 13 「お茶は、いらないか？」

（ロビン・ソウンズ『テロリストと語る』）
—Robin Soans, *Talking to Terrorists*

ロンドン五輪の開幕まで、あと半年を切った。スポーツ選手にとって、母国の代表として檜舞台に立つのはたいへんな名誉だろう。二〇〇二年八月、小国同士のたんなる親善試合とはいえ、サッカーの北アイルランド代表チームの主将ニール・レノンも、誇りを胸にキプロス代表との一戦に臨もうとしていたにちがいない。しかし、試合開始の数時間前に急遽、彼は出場を取りやめざるをえない事態に陥った。身体に突然の変調を来たしたのではない。カトリックの彼が主将を務めていることを愉快に思わない一部の集団から、殺害予告が送りつけられてきたのである。

よく知られているように、イギリス領の北アイルランドは、宗教に端を発する住民同士の対立が根深い地域だ。多数派のプロテスタントの住民に対して、カトリックの住民はむしろ国境の南のアイルランド共和国の方に強い帰属意識を持つ。一九六〇年代末から、プロテスタントのアルスター義勇軍（ＵＶＦ）、カトリックのアイルランド共和軍（ＩＲＡ）

といった双方の民兵組織が激しい抗争を繰り広げ、巻添えになった一般市民も含めて数多くの死傷者を出してきた。相手組織の幹部や政府の要人はもちろん、レノンのようなサッカー選手まで命を狙われることがあったわけだが、このように目的のためには手段を選ばない非情な組織のメンバーとは、いったいどのような人物なのだろうか。二〇〇五年初演のロビン・ソウンズの『テロリストと語る』は、そうした彼らの素顔に迫ろうとした劇である。

ソウンズは一九四七年生まれ。もともとは俳優だった彼が、劇作も手がけるようになったのは、ドイツのある劇作家の作品に出演したことがきっかけらしい。その劇では、現実の人びとの発言がそのまま台詞として用いられているのだが、そうした台詞に、観客がいつにも増して熱心に耳を傾けているのが、舞台の上からでもはっきり感じられたという。以来、インタヴューで集めた言葉を素材にした戯曲を自分でも書き始め、この『テロリストと語る』もその手法による作品だ。まさにタイトルのとおり、ソウンズは、イギリスをはじめ世界各地のいわゆる「テロリスト」に取材を行ない、台詞になりそうな言葉を聞き出してきたのである。

しかし、いくら生々しい発言をたくさん掻き集めたところで、それをただ並べるだけではドラマは生まれない。ソウンズは構成に工夫を凝らして、舞台に緊迫感を醸し出すのに成功している。なかでも、一九八四年のグランドホテル爆破事件の顛末が語られる場面で、立場の異なる当事者の発言が交錯してゆくさまは実に劇的だ。この事件は、ＩＲＡが当時のイギリス首相サッチャーの暗殺を企図して、ブライトンで保守党の党大会が開かれているときに彼女の滞在先のホテルを爆破したものである。サッチャー自身は難を逃れたが、同宿の保守党議員ら五人が亡くなっている。ソウンズは、当日ホテルに宿泊していた保守党議員ふたりとＩＲＡの実行犯を劇中に登場させ、彼らの言葉を借りて事件を再現してゆく。

実行犯の話によると、彼がホテルに爆弾を仕掛けたのは、事件より一ヵ月近くも前のことだったらしい。「二十六日と六時間三十六分後に作動するようタイマーをセットした」と語る彼の傍らで、保守党議員のひとりが、事件当夜は市内の一流レストランで仲間と楽しく食事をしていたと回想し始める。当然ながら、この時点での彼女は、いまテーブルを囲んでいる仲間の半分が数時間後に命を落とすことになるなどとは夢にも思っていない。

午前三時前に爆弾が炸裂する。もうひとりの保守党議員は、気がつくと瓦礫の下で身動きが取れなくなっていたそうだ。なにかの拍子で瓦礫が動くたびに首に力がかかり、今度大きく動くようなことがあると首の骨が折れると覚悟したという。こうした苦境を訴える台詞の間に、実行犯の酷薄な言葉が差し挟まれる。「もちろん、自分が引き起こした苦しみについては遺憾に思っている。だが、当時の状況ではわれわれの行動はいたしかたなかった」。

その後、実行犯は逮捕されて、刑務所に送られるのだが、そこで彼は思わぬ体験をすることになる。ある日、彼が図書室で勉強をしていると、ＵＶＦの元メンバーが入ってきた。カトリックの住民が集まるパブを爆破した罪で服役している男で、彼にもソウンズはインタヴューをしている。ＵＶＦの男は、いま自分のそばで本を読んでいるのが、グランドホテル爆破事件の実行犯だとすぐにわかったらしい。長く敵対してきた組織のメンバーと同じ部屋に居合わせることになって、どのように振舞えばよいか、しばらく考えあぐねたが、そのうち喉が渇いてきたので紅茶でも淹れようと席を立ったとき、われ知らずＩＲＡの男に「お茶は、いらないか？」と声をかけていたという。

紅茶を片手に話をするうち、ふたりは自分たちの生い立ちが驚くほど似ていることに気がつく。ふたりとも労働者階級の家に生まれ、同じ町の同じ空気を吸って育ったのだ。爆弾を持ち出してまで、いがみ合わねばならないほど考え方がちがうわけではない。ふたりはやがて、ずいぶん仲がよくなったらしいが、このように相手への理解と共感が生まれたのが、罪を犯して刑務所に入ってからのことだったというのは、なんとも皮肉な話だ。

ＵＶＦの男の語るところによれば、人を殺した人間は、同時に自分の心の一部も殺してしまっているという。初演でＩＲＡのメンバーを演じた俳優は、公演終了後、二度とこの役はやりたくないと周囲に漏らしたそうだ。

（二〇一二年四月）

# 14 「軽薄であれ」

（ノエル・カワード『私生活』）
―Noël Coward, *Private Lives*

いまから八〇年以上も前、一九二九年のことだ。東京の帝国ホテルに、ひとりのイギリス人旅行客が宿泊していた。彼が後に語ったところによれば、慣れぬ異国でなかなか寝つけないでいると、枕辺に友人の女優の幻影がくっきり浮かんで見えたらしい。彼は極東周遊の旅に出かける前、彼女のために劇を書いてやると約束していたのだった。約束を思い出した彼は、明け方までに構想をまとめ、次に訪れた上海のホテルで一気に戯曲を書き上げる。この男の名は、ノエル・カワード。主演女優にガートルード・ロレンスを起用した彼の喜劇『私生活』は、翌一九三〇年にイギリスで初日の幕を開けた。

カワードは一八九九年生まれだから、この劇の初演の時点ではまだ三〇歳を越したばかりの若輩にすぎない。しかし、彼は一〇代のころから子役としてロンドンの大きな劇場の舞台に立っており、二〇代の半ばにはすでに俳優としても劇作家としても、その才能をひろく世間に認められ、すっかり演劇界の寵児になっていた。彼が劇作も手がけるようになったのは、三八歳の若さで上梓した自叙伝のなかの言葉を借りれば、「自分が演じるのに打ってつけの役のある良い芝居を書くため」だったらしい。この『私生活』でも、ガートルード・ロレンスと丁々発止の掛け合いを繰り広げる主役の男性は、カワード自身が演じている。

第一幕は、フランスの保養地にあるホテルが舞台だ。カワードが扮するエリオットという男が、妻のシビルを連れてバルコニーに出てくるところから劇は始まる。エリオットは、かつてアマンダという女と結婚していたのだが、おたがいに個性が強すぎて衝突が絶えないため、五年前に離別した。その後、平凡なシビルと結ばれ、いまこうして新婚旅行に来ているのである。すると、隣のバルコニーから聞き覚えのある声が聞こえてくる。なんと、アマンダもまたヴィクターという朴念仁と再婚し、新婚旅行に来ていたのだ。アマンダを演じるのは、もちろんロレンスである。

離婚した夫婦が、そろって同じ時期に別の相手と再婚し、新婚旅行先のホテルで鉢合わせになるなんて、現実にはまずありえない。出来すぎた話だとお感じになる方も多いだろう。しかし、そもそもカワードは、世情をリアルに写し取った劇を書こうなどとは考えていない。彼の作劇上のねらいは、自分とロレンスが俳優としての力量を存分に発揮できる状況をしつらえることにあるのである。バルコニーにおたがいの姿を見つけた当初の驚愕と反目から、たちまちまた深く心を惹かれ合うようになるまでの運びは軽妙にして、かつ鮮やかだ。ふたりはやがて、再婚相手に気づかれないよう、こっそりと手を取り合ってホテルを出てゆく。

第二幕の舞台は、アマンダのパリの別宅だ。駆落ちをしてから数日後という設定で、エリオットとアマンダの（と言うより、カワードとロレンスの）機知に富んだ台詞の応酬が見せ場の幕である。たとえば、幸福感でいっぱいのエリオットが、いずれはやって来る死も意識しつつ、「この瞬間の喜びを味わいつくそう。こっちに来てキスしておくれ。君の身体が腐り、眼窩から蛆虫が跳び出て来たりする前に」と、少々大げさな口調で接吻をねだれば、アマンダはすぐさま彼の言葉尻を捕えてまぜっ返す。「ねえ、蛆虫は跳んだりしないわよ」。

しかし、こうした甘い愛の語らいから、ふとしたはずみで不和の種が生まれ、そのうちふたりは激しく衝突し始める。この幕の終わり、失踪した配偶者の居場所を突きとめて、ヴィクターとシビルが部屋まで乗り込んできたとき、彼らが目にしたのは、床の上で派手に取っ組み合いの大喧嘩をしているエリオットとアマンダの姿であった。

夜が明けて、第三幕となる。それぞれの新婚夫婦は別々に話し合いを持ち、当面、エリオットはシビルとの、アマンダはヴィクターとの婚姻関係を維持することに決める。劇が始まった時点での秩序が回復し、ようやく事態は落ち着くべきところへと落ち着いたように見えた。ところが、四人で朝食を取っていると、まるでエリオットとアマンダの才気が伝染したかのように、堅物のヴィクターとシビルが言い争いを始めるのである。ふたりが激しい口論をしている隙に乗じて、エリオットとアマンダがふたたび手を取り合って部屋を出てゆくところで、劇の幕は下りる。

このように筋をまとめればわかるとおり、『私生活』はもっぱら観客を楽しませることを追求した劇で、深遠な人生哲学などとは縁がない。第二幕に、エリオットがアマンダに「軽薄であれ」と言い聞かせる箇所があるが、まさに作品全体がそのように書かれている。さらに言えば、作者のカワード自身がつねに軽薄たらんと意識していた人だった。洒落た洋服に身を包み、苦もなく当意即妙の警句を口にする。ちょうど、本作のエリオットのような人物を、カワードは舞台を降りても演じ続けていたのである。こうして作り上げた自分自身のイメージこそ、演劇人ノエル・カワードの最高傑作だったと言ってもよい。

カワードが生前、最後に自分の新作で演じたのは、読者を楽しませることばかりに心を砕いてきたために、表現者としては大成できなかったことを悔いる老作家の役であった。彼が生涯、被り続けてきた軽薄者の仮面の下の素顔がちらりと覗けた瞬間と考えたくもなるが、カワードにとっては、こうした自己憐憫も、周到に計算された演技のひとつだったのかもしれない。一九七三年、ノエル・カワードは、陽光あふれるジャマイカで安らかに息を引き取った。

（二〇一二年五月）

# 15 「眼鏡にひびが入っている」

（ジニー・ハリスほか『爆弾』）
Zinnie Harris et al, *The Bomb : A Partial History*

ロンドンの北西部にあるトライシクル劇場には、かねがね一度足を運んでみたいと思っていた。大きな劇場がいくつも立ち並ぶウェストエンドからはずいぶん離れているうえ、周囲にめぼしい飲食店街もない。お世辞にも立地条件に恵まれているとは言いがたい劇場なのだが、不思議なことに、高名な批評家や目の肥えた演劇好きがこぞって足しげく通い詰めている。その理由はひとえに、この劇場の芸術監督のニコラス・ケントが次々に魅力的な新作を発表し続けているからにほかならない。

ケントが好んでトライシクル劇場の舞台にかけるのは、彼自身の言葉を借りれば「いま社会で起きていることに対してジャーナリスティックに反応した作品」である。ロンドン南部で黒人の少年が刺殺される事件が起きれば、その裁判の模様を舞台の上に克明に再現し、容疑者のみならず、捜査を担当する警察の内部にまで深く根を張っている人種偏見を赤裸々に抉り出す。あるいは、トニー・ブレアがまだ首相の職に就いていたときに、彼をイラク侵略の罪で告発する模擬法廷劇を上演する。こうしたケントの時宜にかなった大胆な企画のおかげで、トライシクル劇場はいまや、鋭さにかけてはイギリス随一の政治劇が見られる場所という評判を確立している。今春、念願かなって、わたしがこの劇場を訪れたときには、核兵器を主題にした『爆弾』という劇が舞台にかかっていた。

東西の冷戦が終結してすでに久しいが、世界は核兵器の廃絶に向かうどころか、その後むしろ核保有国の数が増えているのが現実だ。このような国際情勢に対するケントの「ジャーナリスティックな反応」は、第二次世界大戦中の原子爆弾の製造に始まって、昨今のイランや北朝鮮の核開発の状況にいたるまでを連作劇のかたちでたどり、問題の所在を明らかにすることであった。彼は九人の劇作家に核兵器に関する戯曲の執筆を依頼して、集まった一〇編を五編ずつの二部構成で上演した。一つひとつの劇は長くても三〇分ほどの短編だが、二部全体を通して見るとなると、途中休憩を含めてたっぷり五時間はかかる大作である。

この劇でまず驚かされるのは、初日の幕が開いたのが今年の二月九日であるにもかかわらず、早くも連作のなかに金正恩体制下の北朝鮮を舞台にした一編が含まれていることだ。作者のダイアナ・ソンは、プロフィールには明記されていないが、その姓から推察して朝鮮半島に出自を持つ劇作家だろう。まだ政治家としての力量も定かでない二〇代の若者を最高指導者に迎えて、国家と自分の将来を案じる初老の上級官僚ふたりの姿を描いている。いくぶん戯画化されてはいるものの、外交や核軍備などについて彼らが交わす政策談義には現実味があり、えてして煽情主義に流れやすい日本の報道よりも、北朝鮮のエリートの肉声がよく伝わってくるように感じられた。

また、本書の第二章で紹介したデイヴィッド・グレッグも、面白い角度から核兵器の問題に光を当てていた。イギリスでは、首相は就任早々、他国からの核攻撃によって国全体が壊滅した場合に備えて、原子力潜水艦の艦長に報復攻撃を命じる文書を作成しておくのが慣例らしい。グレッグの劇中の首相は苦心を重ねて、けっして読まれることになってはならない文章を書き上げる――この徒労にも似た職務を通して、「使わないために保有する」という核武装の論理自体が孕む矛盾がくっきりと浮かび上がってくる。

このほかにも見ごたえのある作品はいくつもあったが、連作のプロローグとエピローグに相当するジニー・ハリスの二編がひときわ印象に残った。ハリスは一九七三年生まれ。若くして、すでにロイヤル・シェイクスピア・カンパニーなどの有名劇団に戯曲を書き下ろしている実力ある劇作家である。

ハリスが書いた二作のうち、第一部の冒頭に置かれた劇の方は、一九四〇年のロンドンが舞台だ。バーミンガム大学で研究をしているオットー・フリッシュとルドルフ・パイエルスというふたりの科学者が、最新の研究成果をイギリス政府に伝えにやって来るところから話は始まる。彼らの試算によると、従来考えられていたよりもはるかに少ない量のウランから爆弾を作ることが可能らしく、この報告を受けて英米両政府は原子爆弾の開発に本格的に着手することになる。政府の要人との面会を待つ間、壁にかかっている絵をよく見ようと、上着のポケットから眼鏡を取り出したパイエルスは異状に気がつく。「眼鏡にひびが入っている」。ハリスが史実を離れて書き加えた痛烈な科学者批判の台詞だ。パイエルスは前がよく見えない眼鏡をかけて、原子爆弾の製造を政府に進言しようとしているのである。

第二部の最後の作品にも、科学者がふたり登場する。舞台は現代のイランで、彼らは核施設の査察官だ。いま査察を終えてメモを整理しているところなのだが、ふたりの所見にはいくつか食いちがいがある。さっき核施設を出てきたばかりなのに、廊下に不審なドアがあったかどうかさえ、もう判然としない。ここでもハリスは卓抜なイメージを使って、核兵器をめぐる連作全体にまとまりを与えている。核拡散防止のために目を光らせているはずの査察官の眼鏡には、いつの間にか、ひびが入っているのである。

聞くところによると、ニコラス・ケントは本作をもってトライシクル劇場の芸術監督の座を勇退するらしい。彼の任期の棹尾を飾るにふさわしい秀作を観劇できたことを幸運に思う。

（二〇一二年六月）

# 16　「こんなことが面白いか?」

（ティム・クラウチ『わたくし、マルヴォーリオ』）
――Tim Crouch, *I, Malvolio*

　劇場に入ると、まだ開演の時刻になっていないのに、もう男がひとり殺風景な舞台の上に立っている。全体に薄汚れた格好をしているせいで、両足の鮮やかな黄色い靴下がいっそう派手に目に映る。よほど大切な手紙なのだろう。手にした書面にさっきから何度となく目を走らせているが、やがて観客全員が席に着いたころ、男はおもむろに顔を上げ、「狂ってなんかいないんだ」と話を切り出した――二〇一〇年初演のティム・クラウチの作品『わたくし、マルヴォーリオ』は、このように始まる。

　ハムレットやジュリエットなら誰だって知っていようが、マルヴォーリオとなるとどうだろうか。彼の名前を聞いてすぐに『十二夜』を思い浮かべられるとしたら、シェイクスピアの劇について、ある程度なじみのある方だろう。アドリア海に面するイリリアという国を舞台にした明るい恋愛喜劇のなかで、公爵オーシーノーの片想いの相手オリヴィアに仕える執事が彼である。

しかし、オリヴィアの叔父サー・トービーをはじめとして、屋敷の人たちの間でのマルヴォーリオの評判はあまり芳しいものではない。なにしろ、陰で「ピューリタンみたい」と揶揄されるほどの堅物であるうえ、口のきき方が傲慢なのだ。大酒飲みで羽目を外すのが大好きなサー・トービーとうまくやっていけるはずがない。ある夜、邸内で高歌放吟しているところをマルヴォーリオにきつく叱責されたサー・トービーは、この口うるさい執事をみんなで笑い者にする計画を練り上げる。オリヴィアの侍女に、オリヴィアの筆跡を真似て恋文を書かせ、マルヴォーリオの通る庭園の道に落としておくことにしたのである。

拾い上げた手紙のなかに、自分の想いを受けとめてくれるならば、黄色い靴下と十文字の靴下留めを着用し、つねに微笑を絶やさずにいてほしいと書かれてあるのを読んだマルヴォーリオは、喜んで指示どおりの振舞いをする。しかし、手紙のことなど知らないオリヴィアにとってみれば、珍妙な服装で、にやにや笑ってばかりいるマルヴォーリオは、頭がおかしくなったようにしか見えない。サー・トービーたちは、悪魔に取り憑かれて気が狂ったにちがいないと騒ぎ立て、堅物の執事はあわれにも地下牢に閉じ込められてしまう。ティム・クラウチのマルヴォーリオの物語が始まるのはここからだ。

クラウチは一九六四年生まれ。二〇〇三年から、『マクベス』や『テンペスト』などシェイクスピアの戯曲を脇役の視点から語り直すひとり芝居をいくつか発表しており、本作は

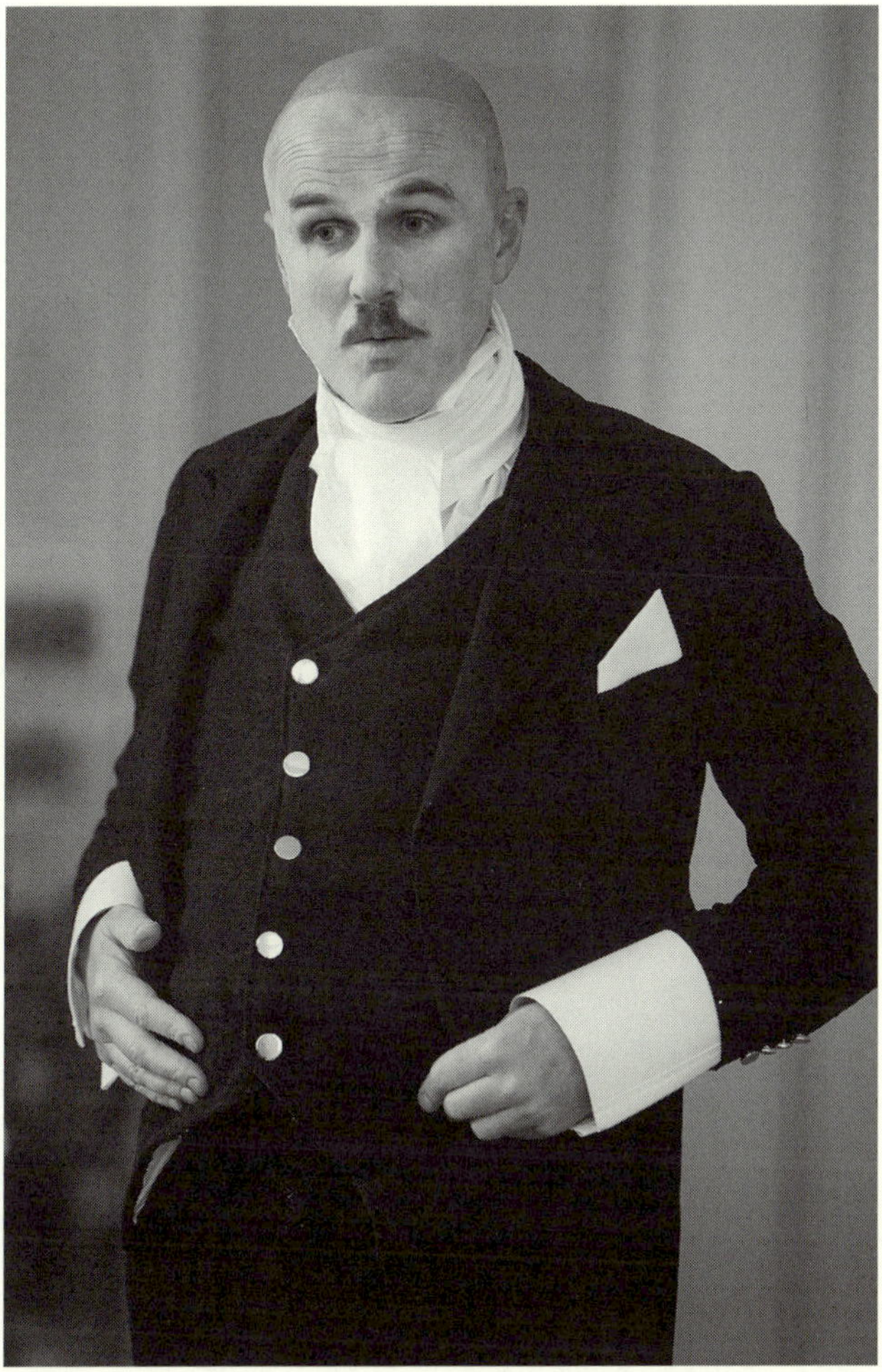

ティム・クラウチの演じるマルヴォーリオ（Bruce Dalzell Atherton 撮影）

その四作目である。もともとはシェイクスピアの劇世界への導入として小中学生向けに書かれたものだが、大人の観客の目にもじゅうぶん見ごたえのある作品だ。また、俳優としての技量にも優れ、本作のマルヴォーリオはクラウチ自身が演じている。

クラウチの劇のマルヴォーリオは、秩序を尊ぶ彼らしく、座席での観客の姿勢についてあれこれうるさく注文をつけた後、自分の受けた仕打ちがいかに不当であるかを筋道立てて訴え始める。彼の言い分によれば、オリヴィアはここ一年の間に父と兄を相次いで亡くし、喪に服するため今後七年間は男性との交際を絶つと宣言したはずである（たしかにシェイクスピアの戯曲はそのような設定になっている）。そこで、自分は喪中の家にふさわしい風紀が保たれるよう細心の配慮をしてきたのに、なぜ地下牢に繋がれねばならないのか。頭がおかしいのは、服喪の最中に乱痴気騒ぎに興じたり、恋にうつつを抜かしたりしている連中の方ではないのかと、マルヴォーリオは言うのである。

しかし、かく言うマルヴォーリオも、オリヴィアからと思しき恋文を拾ったときは、さすがに胸がときめいたと認めざるをえない。「生まれて初めて、誰かが自分を愛してくれていると思えた」と彼は言う。これまで味わったことのない幸福感につい頬が緩み、手紙に書いてあるとおりオリヴィアの前で微笑を浮かべてみた。すると、たちまち狂人あつかいである。自分としたことがほんの少し自制心を失ったために、サー・トービーの他愛のない策略にまんまと引っ掛かってしまったと悔いるマルヴォーリオの姿を見ていると、だんだん彼のことが気の毒に思えてくる。

　さらにマルヴォーリオは、そもそも笑いという行為の内に潜んでいる残酷さへと、観客の目を向けさせる。誰の仕業か知らないが、クラウチの演じるマルヴォーリオが後ろを向くと、背中に「自惚れ屋」と書いた紙が貼られている。思わず笑い声を上げた観客に、彼は冷ややかに尋ねる。「こんなことが面白いか？」。その下には「蹴ってくれ」とも書かれてある。マルヴォーリオは客席からひとり希望者を舞台に上げ、自分の尻を蹴らせる。「こんなことが面白いか？」。彼にこう訊かれるたび、観客は居心地の悪さを覚えずにはいられない。サー・トービーがしたことはたんなる悪ふざけではなく、れっきとしたいじめではなかったか。それを嬉々として見ていた観客も立派な共犯者でないか。このように、クラウチの劇は、高みにいる者がぶざまに転落するのを喜ぶことの陰湿さを明るみに出すのである。

　シェイクスピアの『十二夜』では、結末の公爵たちの婚礼の場面になって、ようやくマルヴォーリオは地下牢から解放される。劇中での彼の最後の台詞は「お前ら全員に復讐してやる」だった。それからおよそ四世紀後、クラウチの『わたくし、マルヴォーリオ』で、ついに彼はその悲願を成就させたと言えるだろう。

（二〇一二年七月）

## 17　「これ以上なにが欲しいんだ？」

（アーノルド・ウェスカー『調理場』）
——Arnold Wesker, *The Kitchen*

イギリスのケン・ローチという映画監督の作品が好きで、代表作の『ケス』をはじめ、日本で公開されたものはたいてい映画館で見ている。物語が救いのない結末を迎えることが多く、きっとまた見終わった後、暗澹たる気持ちになるのだろうとわかっていながら、新作が封切になると足を運ばずにはいられない。この春、上映された『ルート・アイリッシュ』も、想像していたとおり、いや想像していた以上に重い映画だった。

そんな彼が二〇〇〇年に撮った『ブレッド&ローズ』という作品がある。ロサンゼルスを舞台にした比較的明るい映画だったと記憶する。メキシコ系の移民労働者が主人公で、映画のタイトルは、彼らが待遇改善を求めてデモをするときのスローガン「パンと薔薇を！」から取ったものだ。最低限の生活保障（パン）だけでなく、精神的な尊厳（薔薇）のことも忘れないでほしいと、彼らは訴えたのである。

たしかに、人はパンのみにて生くる者ではない。移民労働者たちの主張に、わたしは全面的に同意する。しかし、薔薇はどのようにすれば手に入れられるのだろうか。パンとちがって薔薇はつかまえどころがなく、それを追い求めている者でさえ、ともすれば見失ってしまいがちなものではないだろうか。一〇年以上前に一度見たきりの映画のことがふと頭に浮かんできたのは、この文章を書くために、ケン・ローチと同世代の劇作家アーノルド・ウェスカーの『調理場』を読み返したからだった。

ウェスカーは一九三二年の生まれだから、今年でちょうど八〇歳になる。一九五〇年代後半から六〇年代にかけて、イギリスのみならず日本の演劇青年の間でも絶大な人気のあった劇作家だが、最近では本国でも彼の新作が舞台にかかるのは珍しくなった。一九五六年に書かれた『調理場』は彼の処女作である。ウェスカーは劇作に手を染めるまで、ロンドンやパリのレストランでコックとして働いたことがあるらしく、そのときの経験が作中に反映されている。三〇人もの俳優を必要とする大がかりな作品のため、上演に漕ぎつけるまで時間がかかり、完全なかたちでの初演は執筆から五年後の一九六一年のことだった。日本では早くも一九六三年に文学座が本作を舞台にかけ、二〇〇五年には蜷川幸雄の演出、成宮寛貴の主演で上演されている。

舞台となっているのは、ロンドンにある大きなレストランの調理場だ。朝、管理人がオーヴンに火を入れ、コックやウェイトレスたちが出勤してくるところから劇は始まる。このレストランは、昼だけで毎日一五〇〇食の注文があるらしい。調理場には一〇人以上のコックが働いていて、それぞれ焼魚、フライ、牛肉、鶏肉、スープ、サラダ、デザートといった具合に細かく役割が決められている。毎日同じ料理ではなく、たまには工夫を凝らした料理を作ってみたいとこぼすコックもいるが、このレストランの調理場では創造性は問われていない。コックに求められているのは、ただ注文を手早くさばく能力だけだ。

料理の下ごしらえを済ませたコックたちが賄いの食事を取っていると、ウェイトレスが大きな声で「焼魚、四つ」と言いながら調理場へ飛び込んでくる。レストランの昼の営業が始まったのだ。彼女が焼魚担当のコックから料理を受け取って出て行くよりも先に、もう次のウェイトレスが入ってきて料理と個数を告げている。しだいに注文の間隔は短くなり、調理場をひっきりなしにウェイトレスの声が飛び交う。次から次へと料理を作るコックたちの間を縫うようにして、大勢のウェイトレスが目まぐるしく調理場を出入りしてゆくさまは圧巻だ。その淀みのなさは美しいというより、空恐ろしい。まるで、調理場で人が働いているのではなく、調理場のために人が働かされているかのように見えてくるのである。

こうした昼の修羅場を乗り切ると、夕方までは、レストランの従業員にとってひと息つける時間帯である。歳が若くて血の気が多く、コックたちのなかでひときわ目立つ存在のピーターは、この機をつかまえて仕事仲間に夢はなにかと尋ねてみる。女と答える者もいれば、金と答える者もいる。しかし、ピーターが聞きたかったのは、そのような現実の欲得にまみれた夢ではない。ケン・ローチの映画のタイトルを借りて言えば、パンではなく薔薇についての話をしてもらいたかったのだ。ほんとうに欲しいものを教えてくれと頼むピーターだが、翻って考えてみると、自分もまた夢を明確な言葉にすることができないのに気づく。

やがて、夕食の支度に取りかかる時間になる。ピーターの頭をよぎるのは、「調理場にいては夢を見られない」という思いだ。それでなくとも、朝から交際相手のウェイトレスにつれなくされて面白くない気分でいたピーターは、夕食の注文をめぐって新入りのウェイトレスが生意気な態度を見せたのをきっかけに、ついに不満を爆発させる。大きな鉈でガス管を叩き壊し、調理場のオーヴンをすべて止めてしまうのである。

騒ぎを聞きつけて、経営者が調理場にやって来る。彼の顔に浮かんでいるのは、怒りというよりむしろ困惑の表情だ。よその店よりも高い給料を払っていると自負している彼は、なぜ従業員の間に不満が生まれるのか理解できないのである。彼はピーターに問う。「これ以上なにが欲しいんだ?」。この経営者の目にもパンのことしか映っていない。ピーターは黙って調理場を出て行く——経営者の問いに答えるのは、劇の観客に任せたかのように。

（二〇一二年八月）

# 18 「そこにあった」

（キャリル・チャーチル『クラウド・ナイン』）
——Caryl Churchill, *Cloud Nine*

人前では脚を露にしないのが、淑女の嗜みというものだ。つねに足首まで隠れる丈の長いスカートを着用し、応接間のテーブルや椅子の「脚」には覆いをかけておく——一九世紀後半、ヴィクトリア女王の時代のイギリス人を律していた規範である。二一世紀のいまロンドンに行けば、夏の天気のよい日には、下はショートパンツに上は水着という格好の女性を見かけることも珍しくない。隔世の感とはまさにこのことだろう。

しかし、一九七九年に『クラウド・ナイン』という戯曲を書いているとき、劇作家キャリル・チャーチルの目には、ヴィクトリア朝はさほど遠い時代だとは映っていなかった。本作執筆のためのリサーチの一環として、彼女は出演が予定されている俳優たちと性の問題をめぐって話し合う機会を設けてみたという。すると、子どものころ、ほとんど一九世紀と変わらない保守的な性道徳を教え込まれたと回想する者が大半だったそうだ。チャーチルは一九三八年の生まれだから、俳優たちもだいたい彼女と同年代だとすれば、彼らの祖父母はヴィクトリア女王の時代に生を受けている。家庭や学校にひと昔前の道徳規範が色濃く残っていたとしても不思議はあるまい。

だが同時に、彼らは一九六〇年代のいわゆる「スウィンギング・ロンドン」の時代に性の解放が進むのを目の当たりにしてきた世代でもある。椅子の脚さえ隠す祖母の言いつけを聞いて育った女性は、いったいどのような気持ちで、マリー・クワントのデザインしたミニスカートに脚を通したのだろうか。チャーチルの『クラウド・ナイン』は、イギリス社会のこうした大幅な価値観の変容を二幕構成で鮮やかに描き出す。

第一幕の舞台は、一九世紀の英領アフリカである。植民地行政官のクライヴは、本国から家族を連れて赴任してきている。彼の妻のベティは夫に従順で、「殿方が望む女になるのがわたしの望み」と公言する女性だ。ここで作者のチャーチルが、この役を男性の俳優が演じるよう指示しているのが面白い。ベティを男性が演じることで、こうした典型的なヴィクトリア朝の女性像が、男性によって作られたイメージであることがはっきり見えてくる。男性の願望どおりに振舞おうとするベティは、実は自分の願望どおりの女性を演じている男性にほかならないのである。

一方、クライヴの息子のエドワードは、女優によって演じられる。クライヴは、息子に男らしく育ってほしいと願っているが、エドワードは、むしろ妹が持っている人形で遊ぶことを好む繊細な気質の少年である。女性の身体をした彼は観客に向かって言う。「ごらんのとおり、ぼくがお父さんの期待に応えるのはかなりむずかしい」。

こうしたクライヴの家庭にちょっとした波紋が生じるのは、クライヴの友人の探検家ハリーの来訪がきっかけだ。この魅力的な訪問者にベティは道ならぬ恋心を抱き、いっしょに駆落ちをしてほしいとまで懇願するのだが、ハリーはやんわり拒絶する。彼にとって、ベティはあくまでもクライヴの妻、エドワードの母でしかない。べつに男性俳優が演じているためでもないだろうが、ハリーは彼女を女として見ていないのである。クライヴの家に滞在している間、ハリーが戯れの情事の相手に選んだのは、ベティではなくエドワードだった。

第二幕は一九七九年のロンドンが舞台だ。現実には第一幕から一世紀近い年月が経過しているのだが、チャーチルはヴィクトリア朝と現代の意外な近さを強調するため、劇中では二五年しか経っていないという設定にしている。第一幕で少年だったエドワードは成人し、男性の恋人といっしょに生活をしている。ヴィクトリア朝の価値観で育ったベティには、そのような息子の性のあり方が理解できないが、彼女にしても、もはやかつての従順な妻ではない。クライヴとは別居し仕事を見つけて、ひとり暮らしを始めている（なお、第二幕では第一幕のベティ役の俳優とエドワード役の俳優が入れ替わり、ベティは女性、エドワードは男性によって演じられる)。

夫と別れて暮らし始めてはみたものの、これまで男性に尽くすことを第一に生きてきたベティは、そばに男性がいないと生きていることに実感が持てない。ある夜、ベッドの中で身体ごと消えてしまうのではないかという不安に襲われた彼女は、自分の顔へ手をやってみる。「そこにあった」。彼女はさらに下へと手を這わせ、自分に乳房や性器があるのを確めるかのように愛撫する。このようにして、第一幕では男性俳優によって演じられていた身体を、女性である自分のものへと取り戻してゆくのである。

劇の幕切れとなる場面で、女性の身体のベティの前に第一幕のベティが現われ、ふたりは固い抱擁を交わす。厳格な道徳に縛られて生きてきた過去の自分への慰労とも、新しい生き方を見つけた自分への祝福とも取れる印象的な光景だ。しかも、第一幕でベティを演じていたのは、第二幕のエドワード役の俳優である。過去の自分を抱き締めるベティの姿に、息子が同性愛者であることを受け入れた母親の姿がおのずと重ね合わされる。

この劇のタイトルとなっている「クラウド・ナイン」とは、空のいちばん高いところにできる雲のことで、そこから転じて「天にも昇るような気持ち」の意味で用いられる。チャーチルは、まさに観客が天にも昇るような気持ちになれる幸福な結末をこの劇に用意していた。

（二〇一二年九月）

# 19 「親父が帰ってきた」

（マーク・トーマス『ブラヴォー、フィガロ！』）
—Mark Thomas, *Bravo Figaro !*

この夏、ロンドン五輪が開催されている時期に、わたしは英国北部スコットランドのエディンバラにいた。自国での開催とあって、現地の新聞やテレビは連日、五輪の話題一色である。ある日、テレビをつけると、馬術の競技の様子が映っていた。競技場で馬がまるでダンスのようなステップを踏んでいる。馬場馬術と呼ばれる種目らしい。馬の足運びが軽快で小気味よく、馬術に関心がないわたしもテレビについ見入ってしまった。しかし、馬以上にわたしの目を引いたのは、シルクハットに燕尾服という選手の服装だ。この競技が元来、上流階級のスポーツであったことを如実に物語っていよう。実際、今回、総合馬術の団体で銀メダルを獲得したイギリスチームには、エリザベス女王の孫に当たる選手もいたと聞く。イギリス社会にいまなお残る階級を、ひょんなかたちで目の当たりにした気がした。

オペラもまた、階級というものの存在を強く意識させられる芸術だ。チケットは値が張るし、あまりにラフな格好で劇場に出かけるのは気が引ける。上流階級の専有物とまでは言わないが、庶民が気安く足を運べる娯楽でもないのはたしかだろう。建築現場でセメントを練りながら、高らかにオペラのアリアを歌っている労働者など、わたしには想像できない。いや、より正確に言えば、想像できなかった——今夏、エディンバラ演劇祭でマーク・トーマスの『ブラヴォー、フィガロ!』という作品を見るまでは。

マーク・トーマスは、一九六三年生まれ。鋭い風刺で政治家を笑いのめし、多国籍企業の人権侵害を明るみに出すコメディアンかつ政治活動家だ。二〇一〇年には、イスラエルがユダヤ人とパレスティナ人の居住区の間に築いた長大な分離壁を端から端まで歩き、翌年、その旅での見聞を素材にしたひとり芝居を舞台にかけている。このように、政治的な題材を好んで取り上げてきたマーク・トーマスだが、新作では一転して身近な対象に目を向けた。『ブラヴォー、フィガロ!』の主題は、彼の父親である。

劇場に入ると、舞台奥のスクリーンに、カール・マルクスにも似た髭面の大男の写真が映し出されている。マークの父親のコリンだ。マークによると、ロンドンで建設業を営んでいたコリンは、近所の誰よりも早く仕事に出かけ、誰よりも遅く帰宅することに誇りを覚える実直な労働者だったそうだ。オペラとの接点など、一見どこにも見当たらないが、コリンは強い自助精神の持ち主だった。自分を高めるために、格式あるオペラの素養を身につけようと努力したのだろうとマークは推測する。クラシック音楽の雑誌を定期購読して、附録のレコードを聴きながら、解説記事を読み込んだ。プレイヤーを仕事先まで持って行き、普請をしている屋根の上でレコードに合わせて歌っていることもあったという。

ただ、オペラのような高級芸術へあこがれを抱く一方で、それとは相容れない粗暴な一面もコリンは持ち合わせていた。家族そろって英国中部のコヴェントリーという街へ遊びに出かけたときのことだ。運河を舟で下っている最中に、コリンは舟べりから財布を落してしまった。とっさに彼はそばにいたマークの妹を運河に放り込み、流れてゆく財布を拾わせたという（工業都市コヴェントリーの運河の水は、青く澄んではいない）。このように後々笑える話ならばまだいいが、コリンが理不尽に家族を殴りつけることも珍しくなかったらしい。自分が大学の演劇科に進み、コメディアンとして舞台に立つようになった背景には、厳格で暴力的な父への反発もあったと、マークは告白する。

こうした愛憎入り交じった父子関係に大きな変化が生じるのは、コリンが進行性核上性麻痺と診断されてからである。脳の神経核が冒される病気で、現在の医学では根本的な治療法はない。身体の平衡が保てなくなって転倒しやすくなるほか、病気が進むにつれて、眼球を動かしたり食物を嚥下したりするのも困難になる。また、脳の機能の損傷が、記憶喪失や人格の大幅な変容を引き起こすことも多いそうだ。病気療養のためにロンドンから海岸の保養地へと転居した両親を見舞ったマークは、ベッドに寝たきりのコリンには以前の屈強な面影がどこにもなく、すっかり別人になってしまっていることに気づく。

元気なころの父の姿を思い出すようすがとして、マークは、父が好きだったオペラを聴き始めた。頻繁にオペラハウスに足を運ぶようになり、劇場の関係者にも知り合いができたマークは、ある日、オペラ歌手を一日外へ連れ出させてもらえないかと頼み込む。もう外出ができなくなった父に、オペラを生で聴かせてやろうと思い立ったのだ。母親は、息子の計画を聞いて仰天する。「この家の天井はオペラには低すぎやしないかい」。コリンと同じく労働者階級出身の彼女には、オペラと言えば、大きな劇場の華麗な舞台の上で演じられるものとしか想像できなかったのである。

父親が横になっているベッドとピアノが居間に運び込まれ、キッチンを楽屋にして、オペラの出前公演が始まった。一流のオペラ歌手の伸びやかな声を聴きながら、マークは「母さんの言うとおりだ。ここの天井は低すぎる」と思う。父親の方を見ると、思うように動かせない目を懸命に歌手へと向けて、熱心に歌に耳を傾けている。その目にはかつての生気が戻っていた。「親父が帰ってきた」。公演が終わり、歌手たちが帰った後も、しばらくコリンの意識はしっかりしていた。マークは、自分の知っている父親と、最後となるかもしれない言葉を交わせたのである。

（二〇一二年一〇月）

# 20 「戦果なし」

（シアター・ワークショップ『素晴らしき戦争』）
——Theatre Workshop, *Oh What a Lovely War*

ロンドンの東部にストラトフォードという町がある。この地名を聞いて、大学の英文学史の授業を思い出された方もいるかもしれないが、そのストラトフォードではない。シェイクスピアゆかりの地として大勢の観光客が詰めかけるストラトフォード・アポン・エイヴォンは、ロンドンから北西の方向へかなり離れたところに位置している。一方、市の中心部から地下鉄で行けるストラトフォードは、今夏の五輪のためのスタジアムが建設されるまで、一般の観光客がわざわざ足を運びたがる場所ではなかった。

だが、ふたつの町にまったく共通点がないわけでもない。エイヴォン川のほとりに立つロイヤル・シェイクスピア劇場ほど有名ではないにせよ、ロンドンのストラトフォードにもそこそこ名前の知られた劇場がある。シアター・ロイヤルという劇場がそれだ。一九世紀末に建てられた劇場だが、第一次世界大戦が終わったあたりから経営難に陥り、演劇の定期的な公演が催されない時期が長く続いた。この劇場で上演される演目が演劇通の注目を集めだすのは、一九五〇年代にシアター・ワークショップという劇団がここに活動の拠点を置いてからのことである。

シアター・ワークショップは、ジョウン・リトルウッドという女性演出家が一九四五年に結成した劇団だ。リトルウッドは一九一四年生まれ（二〇〇二年没）。ロンドンの演劇学校を出た後、一九三〇年代からイギリス北部の工業地帯で演劇活動を始めた。学校や公民館を回りながら、労働者階級向けのアジプロ演劇を上演していたらしく、この当時の仲間が、後のシアター・ワークショップの中心メンバーとなる。戦後も旅回りの公演をしばらく続けたリトルウッドだが、やがて安定して作品を発表できる場所が必要だという思いが強くなってゆく。そうした彼女の目に留まったのが、東ロンドンのシアター・ロイヤルだった。

リトルウッドたちが借り受けた当初のシアター・ロイヤルは内部の傷みがひどく、劇場に入ると猫の小便の臭いがつんと鼻をついたそうだ。劇団員は劇場に泊り込み、カーペットの清掃や椅子の修理をしながら、作品のリハーサルに励んだという。シェイクスピアから同時代の劇作家の新作まで幅広い戯曲が舞台にかけられたが、なかでも傑作との呼び声が高いのは、一九六三年に初演された『素晴らしき戦争』だろう。

この『素晴らしき戦争』という穏やかならぬ題名は、第一次世界大戦中に兵士や庶民の間で流行した同名の歌に由来する。もともと、ＢＢＣのあるプロデューサーが、ラジオ番組のためにこの時代の歌を集めていたらしい。そのコレクションを聞いたリトルウッドと夫のジェリー・ラフルズは、これらの歌を素材に舞台を作ることを思い立つ。第一次世界大戦の顛末を、当時の流行歌で綴るミュージカルだ。ふたりはワインのボトルを空けながら、一日で作品の概略をまとめたという。俳優全員にだぶだぶの白服を着せて、劇全体をピエロが演じている見世物という設定にしたあたりに、演出家リトルウッドのセンスが窺えよう。「戦争は愚か者がするものだから」というのが彼女自身の説明だが、ピエロのコミカルな出立ちと戦争の惨状が鮮やかな対照をなし、本作をいっそう痛烈な風刺劇にしている。

第一次世界大戦は一九一四年の勃発後すぐに戦線が膠着し、連合国も同盟国も戦局を打開する有効な方策の持ち合わせがなかった。西部戦線でイギリス軍の将軍たちが採用した作戦は、恐ろしいまでに単純である。海外に広大な植民地を持つイギリスは、動員可能な兵力がドイツよりも圧倒的に大きい。したがって、損害をかえりみずに攻勢を続けてドイツ軍に消耗を強いれば、最終的に戦場を制圧するのは数に優るイギリス軍である――かくして、幾重もの鉄条網と機関銃に守られたドイツ軍陣地に向かって、歩兵による無謀な突撃が何度もくり返されたのである。

本作は、こうした将軍たちの無能さを容赦なく暴き立てる。前線から、一日に五万人もの割合で死傷者が出ているとの報告を受けても、司令官は「徒歩で敵陣を越えて行け」という命令を変えようとしない。彼は、あと一回、大規模な攻勢を仕掛けさえすれば、ドイツ軍の戦線は崩壊し、ベルリンまで進軍できると力説するのだが、それが机上の空論でしかないことは誰の目にも明らかだ。舞台の上の電光掲示板に文字が流れる。「大攻勢終了。両軍の死傷者一三三万二〇〇〇人」。さらに文字は続く。「戦果なし」。

舞台奥のスクリーンに、木でできた十字架が、広々とした野原いちめんに数かぎりなく立ち並んでいる光景が映し出される。「異国の戦場に、そこだけは永久にイギリスの一角がある」。劇中にも引用されるルパート・ブルックの「兵士」という詩の一節だ（彼も第一次世界大戦に従軍し、戦場で一九一五年に病没している）。この大戦でイギリス軍が失った将兵の数は、一説によると九〇万に上るとも言われている。これは、第二次世界大戦でのイギリス軍の戦死者数の二七万をはるかに上回る。

イギリスでは毎年、第一次世界大戦の休戦が成立した一一月一一日にいちばん近い日曜日に（今年はちょうど一一日に当たっている）、すべての戦争の犠牲者を追悼する式典が催され、各地の戦没者慰霊碑に赤い罌粟の花輪が捧げられる。イギリスのサッカーに関心のある方は、選手がこの日の前後の試合に着用しているユニフォームに注目してほしい。どの選手の胸元にも、罌粟の花をかたどった丸いワッペンが縫い付けられているはずだ。

（二〇二二年一一月）

## 21 「二度と戻ってくるもんか」

（ダグラス・マクスウェル『デッキーはブロンコをする』）
―Douglas Maxwell, *Decky Does A Bronco*

公園で小さな子どもといっしょに遊んでいると、つくづく「怖いもの知らず」とはうまく言ったものだと思う。大人なら思わず身体がすくんでしまうような軽業を、子どもはいとも簡単にやってのけたりすることがあるが、べつに生まれつき思い切りがいいわけでも、運動神経に恵まれているわけでもない。たんにまだ痛い目に遭ったことがないだけだ。小さいなりにいろいろ経験を重ねてゆくにつれ、だんだんと怖いものが増えてくる。

この夏、昨年から幼稚園に通い始めた甥を近くの公園のぶらんこに乗せてやったときのことだ。以前、わたしの方がはらはらするくらい「もっと強く押して」とせがまれたのを思い出し、今回は最初から少し強めに背中を押してみた。すると、すぐに「止めて」という悲鳴が上がった。甥はぶらんこの鎖をぎゅっと握り、身体を硬くしている。「怖かった？」と尋ねてみたのだが、この質問は彼のプライドをいたく傷つけてしまったらしい。四歳の甥は口を尖らせて言った。「ちがうよ、おじさん。なにか起きてからでは取り返しがつかないじゃないか」。ダグラス・マクスウェルの『デッキーはブロンコをする』は、公園のぶらんこで取り返しのつかないことが起きてしまう劇である。

マクスウェルは一九七四年生まれ。大学在学中に演劇に関心を持ち、卒業後、アルバイトで生計を立てながら戯曲を書いていたのだが、彼の作品を舞台にかけたいという申し出は、どの劇団からもなかった。いい加減、劇作家を目指すのをあきらめようとしていたとき、知り合いに誘われて子ども向けの演劇を創作するセミナーに参加してみたところ、そこで書き上げた戯曲がプロの演出家の目に留まる。それが二〇〇〇年の夏に初演された彼の処女作『デッキーはブロンコをする』である。

この劇のユニークなところは、劇場ではなく、現実にある児童公園を使って上演されることだ。日没の遅いイギリスの夏の夕方、ぶらんこの周囲にしつらえられた客席に座って開演を待っていると、二〇代半ばくらいの若い男がこちらへやって来る。デイヴィッドという名のその男はぶらんこに腰掛け、かつて自分はこの公園の近くに住んでいたことがあると語りだす。現実と虚構の境がゆっくりと曖昧になってゆくのが面白い。デイヴィッドがこれから話そうとするのは、彼が九歳のときの夏の思い出だ。

デイヴィッドの思い出話が進むにつれ、ぶらんこの周りに彼の少年時代の遊び仲間の姿が現れてくる。毎年、夏休みをデイヴィッドの祖母の家で過ごしていた三歳年上の従兄弟のバリー、みんなよりひと回り小柄で少々動作に鈍いところのあるデッキー、いつもデッキーと喧嘩をしているが実は大の仲よしのクリッシー、抜群に運動神経がよくデイヴィッドたちから一目置かれているオニールの四人だ。その夏、彼らは朝一番にこの公園に来て、夕食の時間になるまでぶらんこで遊んだ。少年たちをそこまでぶらんこに夢中にさせたのは、誰からともなくブロンコと呼ぶようになった曲乗りだった。

デイヴィッド自身を含め、彼の回想のなかの人物たちはぶらんこに乗り、板の上に立って力いっぱい漕ぎ始める。じゅうぶんに勢いがついたところで、乗っている板を蹴り上げるようにしてぶらんこから飛び降りると、鎖と板がてっぺんの支柱に巻きついて止まる——これがブロンコだ。ひとつ間違えれば大怪我をしそうな乗り方だが、大人が眉を顰める危険なことをあえてしてみせるのが、子どもたちの間では男らしさの証しだったのだろう。

このブロンコを、身体の小さなデッキーだけができなかった。ほんとうはできるのだけれども、人前ではやりたくないと言うデッキーだが、これが見え透いた嘘なのは子どもでもわかる。調子に乗ったデイヴィッドとクリッシーから運動神経の鈍さを執拗にからかわれ、デッキーは泣きだしてしまう。早く強くなりたいと思った彼は、いますぐ軍隊に入ると言って公園を出て行く。去り際に残した言葉は、「二度と戻ってくるもんか」だった。そして、実際、デッキーがデイヴィッドたちの前に二度と戻ってくることはなかったのである。

翌日、いつものように公園に来たデイヴィッドとクリッシーは、ぶらんこの周囲に立入禁止のテープが張りめぐらされているのに驚く。また、デイヴィッドの母親の話では、朝早くからデッキーの父親が息子を探して回っていたらしい。ふたりは、デッキーがほんとうに軍の基地まで歩いて行ったのかもしれないと心配するが、そうであればまだよかった。起きたのはもっと痛ましい出来事である。

実は前の晩、デッキーはみんなが家に帰った後、ひとり公園に戻ってきたのだった。誰も見ていないところでブロンコの練習をしようとしたのだが、それが思いもよらぬ惨事につながった。夜の公園に出没する変質者に乱暴され、幼い命まで奪われてしまったのだ。デイヴィッドは成人したいまも、あの日、クリッシーとふたりで嘲ったりしなければ、デッキーは死なずに済んだのではないかという自責の念を捨てきれない。彼は、事件の夜のデッキーはせめてこのようであってほしいと念じながら、瞼を閉じる。

すっかり日が暮れて暗くなった公園に、デッキー役の俳優が入ってくる。彼はぶらんこに飛び乗って、元気よく漕ぎ始める。しだいに速度を上げてゆくぶらんこの板から彼の足がきれいに離れると、二本の鎖はくるくると軽やかな音を立てて支柱に巻きついていった。

（二〇一二年一二月）

# 22 「あきらめるな」

（リッキー・ジャヴェイズ＆スティーヴン・マーチャント『ジ・オフィス』）
—Ricky Gervais & Stephen Merchant, *The Office*

大きな英和辞典に当たらないと載っていないかもしれないが、英語にはスロー・バーナーという言回しがある。映画や劇を批評するときの表現で、「ゆっくりと燃え出すもの」、つまり、その面白さが伝わってくるのに少し時間がかかる作品のことを言う。ＢＢＣ制作のコメディ『ジ・オフィス』は、まさにそうしたスロー・バーナーのひとつだろう。二〇〇一年に放送が始まった当初は、たいして話題にならなかったらしいが、しだいに人気に火がつき、翌二〇〇二年に第二シリーズが作られた。二〇〇三年の暮れに完結編としてクリスマス・スペシャルが放映されたときには、最高視聴率が三〇パーセントを超えたという。

舞台となっているのは、ロンドンの郊外の町にある製紙会社のオフィスだ。ＢＢＣのスタッフが職場の様子を密着取材しているという設定で、このオフィスを取り仕切る支社長のデイヴィッド・ブレントと彼の部下たちの仕事ぶりがつぶさに描かれてゆく。自分がカメラに撮られているのを登場人物がしきりに意識したり、各人が個別にインタヴューを受けている映像が随所に差し挟まれたりして、一見すると、まるでドキュメンタリー番組のように見えるが、もちろん、まったくのフィクションである。デイヴィッド・ブレントを演じるリッキー・ジャヴェイズ（一九六一年生まれ）と、彼がラジオ局で働いていたとき以来の知り合いのスティーヴン・マーチャント（一九七四年生まれ）が共同で脚本を執筆している。

本作の主人公デイヴィッド・ブレントが誇りにしているのは、自分が部下に対して「第一に友、第二に上司、そして第三に芸人」という関係を築けていることだ。彼は自分のユーモアのセンスに絶大な自信を持ち、職場の全員から敬愛をかちえていると信じているのだが、それがとんでもない思いちがいであることは、視聴者の目にすぐに明らかになる。時と場所をわきまえないデイヴィッドの冗談に、部下たちはむしろ辟易しているようなのだ。

あまり似ていない有名人の物真似をさも得意気に披露してみせるかと思えば、冗談では済まないような悪ふざけを部下相手に仕掛けたりする。たまに見せる部下への気遣いも、思慮が行き届かないために裏目に出るばかりだ。

ある日、彼は恋愛問題で悩みを抱えている女性社員がいると聞き、彼女を支社長室へと招く。自作の歌を聞かせて、落ち込んでいる彼女を慰めてやろうというのだ。これだけでもじゅうぶんにお節介が過ぎようが、さらにその歌詞ときたら少しも彼女にふさわしくないのである。「パリの夜を車で飛ばしていると、ヤツらに追いかけられて、君は車の制御ができなくなった。ぼくらは君の無事を祈ったが、君の身体は冷たくなった」。上司にわざわざ部屋まで呼びつけられて、事故死したダイアナ妃を悼む歌を聞かされたのでは、誰だって当惑の表情を浮かべるほかないだろう。このように『ジ・オフィス』の面白さは、主人公のデイヴィッドが、彼自身が考えているほど面白い人物でないところにある。彼のつまらないジョークや浅はかな振舞いの後に流れる気まずい空気を笑うコメディなのだ。

こうして部下の歓心を得ようとするデイヴィッドの努力がことごとく空回りを続ける傍らで、ロマンティックな恋愛物語も進行している。営業主任のティムは、デイヴィッドのほかにも変わり者の多い支社内で、良識を備えた数少ない社員のひとりである。彼は、受付の仕事をしているドーンにほのかな恋心を抱いている。どうやら、ドーンの方もティムを憎からず思っているらしい。いまの仕事にふたりとも満足していないというところで、心が通じ合うのだろう。ドーンは、子ども向けの本の挿画家になるのが夢なのである。

だが、ドーンにはすでに、同じ会社で倉庫の仕事をしているリーという婚約者がいた。無骨で素っ気なく、女性への優しい気遣いなど微塵も感じられない男である。ドーンへのプロポーズも、口頭ではなく、地元の新聞のメッセージ欄に「リー、ドーン好き、結婚?」

という一文を載せて伝えたという。第二シリーズの最終回、ドーンとリーが、リーの姉が住むフロリダへ移住することになったと聞いたティムは、思い切って自分の気持ちをドーンに打ち明ける。しかし、彼女は首を横に振った。胸のときめく相手よりも、リーの堅実さを彼女は選んだのである。

それから三年後、ふたたびBBCのスタッフがドキュメンタリーの撮影にやって来たという設定で、クリスマス・スペシャルは始まる。ちょうど支社恒例のクリスマス・パーティーが企画されており、フロリダにいるドーンもそれに合わせて帰国することになった。あふれるような陽光のなか、リーの姉夫婦所有の豪邸で暮らしているドーンだが、表情はどこか冴えない。挿画家になりたいという彼女の夢に、リーがまったく理解を示そうとしないのである。

パーティーの席で、かつての同僚とのひさびさの再会を楽しむドーンだが、翌日のフライトの都合で、一足先に会場を後にしなければならない。帰りのタクシーのなかで、贈り主のわからないプレゼントの包みを開けると、油彩の絵具が入っていた——昼間、彼女が手すさびに、ティムの机の上の紙に描いた彼の似顔絵と、「あきらめるな」というメッセージが添えられて。この後、ドーンがどうしたかについては、ここにくどくどと書くにはおよぶまい。読者のみなさんも、ふたりに劣らぬ素敵なクリスマスと新年を迎えられんことを！

（二〇一三年一月）

# 23 「いや、鰯がなくなっていない」

（マイケル・フレイン『舞台裏の騒ぎ』）
—Michael Frayn, *Noises Off*

歴史はくり返す。一度目は悲劇として、二度目は喜劇として——ひろく人口に膾炙しているマルクスの警句だ。語呂がよくて耳にすんなり入るせいか、右に記したかたちで引用されることが多いようだが、出典を確かめてみると言葉遣いが少々ちがっている。有名人の甥であるほかにはこれといって取り柄のない人物がナポレオン三世として帝位に就こうとするのを見たマルクスが、『ルイ・ボナパルトのブリュメール一八日』の冒頭に書きつけた言葉は、「二度目は笑劇として」であった。

もちろん、喜劇と笑劇を入れ替えたところで、マルクスの言わんとするところに大きな差が生じるわけではない。ただ、このふたつの演劇用語にちょっとした区別があることを知っておくのも無駄ではないだろう。どちらも観客を笑わせようとする劇である点では変わりないのだが、なにかを伝えるための手段として笑いを利用するのが喜劇である。たとえば、世界最古の喜劇のひとつに数えられるアリストパネスの『女の平和』は、男たちがスパルタとの戦争を止めるまで夫婦生活を拒否すると誓い合ったアテネの女たちの行動をコミカルに描きつつ、それを通して観客に反戦を力強く訴えかけている。

一方、笑劇はひたすら観客を笑わせることだけを目的とする。そのため、概して中身が薄く、批評家や研究者からは喜劇より一段下に見られがちなジャンルだ。しかし、劇作家にとって中身の詰まった喜劇よりも笑劇の方が楽に書けるかと言えば、必ずしもそうとはかぎらないだろう。高邁な理想や人情の機微といったものを持ち出すことなく、純粋に笑いだけで観客の興味を舞台に繋ぎとめておくには、高度な作劇術が要求されるはずである。マイケル・フレインの『舞台裏の騒ぎ』は、笑劇を書くにあたって劇作家がどれほど緻密な計算をしているかを観客に垣間見せてくれる興味深い笑劇だ。

フレインは、一九三三年生まれだから、今年でちょうど八〇歳になる。劇作家としてのみならず、小説家、翻訳家としても傑出した才能の持ち主だが、彼の作品でいちばん人びとに愛されているのはやはり、この『舞台裏の騒ぎ』だろう。一九八二年にロンドンで初演された本作は、五年間にわたるロングランを記録する大ヒット作となった。早速、ニューヨークでも一九八三年に上演され、その後も「戯曲の指示どおりに演じれば必ず観客を大笑いさせられる作品」として、英語圏にとどまらず、世界各地で頻繁に舞台にかけられている。

全部で三幕ある『舞台裏の騒ぎ』の登場人物はみな、『なにもなし』という芝居を上演している劇団の俳優や裏方だ。第一幕は、公演初日を翌日に控え、これから舞台稽古が始まろうとしているところである。つまり、『舞台裏の騒ぎ』の劇中で、もうひとつ別の劇が演じられることになるのだが、この『なにもなし』がまさに笑劇の典型なのである。機知に富んだ台詞の応酬が繰り広げられるわけでも、常識の枠に収まらないユーモラスな人物が登場するわけでもない。舞台稽古で俳優と演出家が入念にチェックしているのは、鰯の油漬けが載った皿の扱いである。

『なにもなし』の舞台となっているのは、ロンドン郊外の古風な屋敷だ。家主夫婦は税金対策のために海外に居を移しており、いま屋敷には誰も住んではいない。留守宅の管理をしている不動産会社の社員がここを逢引きの場所に使おうと、こっそり愛人を連れ込んだところ、たまたまその日に家主夫婦が予告もなしに家へと帰ってきた。

おたがい誰か他人がいるとは夢にも思っていないから、屋敷では彼らの目からすれば奇怪としか見えない現象が次々に起こる。不動産会社の社員は、少し目を離した隙に、居間の卓上にある鰯の油漬けの皿が忽然と消えたり現われたりするのを見て驚愕し、パニックを起こす始末だ（家主の夫が皿を持って、居間を出たり入ったりしているだけなのだが）。このように、『なにもなし』は、劇中の演出家の言葉を借りれば「俳優の登場と退場、鰯を出すことと引っ込めること」のタイミングだけで、客席を爆笑の渦に巻き込む劇なのである。

しかし、いざ本番となると、稽古で確認した段取りどおりには芝居は進まない。『舞台裏の騒ぎ』の第二幕以降が描くのは、台詞の覚えの悪い俳優やら劇団内部の人間関係のもつれやらで、『なにもなし』の上演がしだいにめちゃくちゃになってゆく過程だ。第三幕は千秋楽の様子だが、この日は幕が上がって早々に鰯が床にこぼれてしまった。俳優たちは油でぬるぬるになった床に足を取られ、皿の出し入れのタイミングが少しずつずれてゆく。いつものとおり「鰯がなくなっている」と驚きの声を上げた不動産会社の社員役の俳優は、再度テーブルに目をやり、いっそう驚きを込めて叫ぶ。「いや、鰯がなくなっていない」。

この台詞は、観客が『なにもなし』の段取りを熟知していなければ、少しも面白くはないだろう。逆に言えば、度重なるハプニングにもめげずに最後まで舞台を務めようと悪戦苦闘する俳優たちを客席で笑って見ていられるのは、混乱した状況の全体を一歩離れたところから正確に把握できているからなのだ。こうした立場がなにかに似ていると気づいたとき、観客は少々薄ら寒い思いを覚えずにはいられまい。天上の全知全能の存在の目には、われわれの日々の営みも、油で滑る床の上を鰯の皿を持って右往左往しているように映っているかもしれないのである。

（二〇一三年二月）

# 24 「光のなかへ」

（サラ・ケイン『渇望』）
—Sarah Kane, *Crave*

一九九七年春、ロンドンの小さな劇場で新進劇作家たちの作品の試演会が催された。執筆途中の戯曲を俳優に声に出して読んでもらい、観客の反応も参考にしながら、今後どのように自作に手を入れてゆけばよいかを見定めようという趣旨の会である。

プログラムのなかに、マリー・ケルヴドンという劇作家の作品が含まれていた。大半の観客にとって、彼女の名前を耳にするのは初めてだったにちがいない。上演パンフレットに記された略歴によれば、度を過ぎた奇行のせいで大学から放校処分を受け、その後、タクシーの運転手やロックバンドの裏方などをして生計を立ててきた若い女性らしい。この異色の経歴の持ち主が書いた短編は斬新で、作者の非凡な力量が窺われた。将来有望な若手として彼女が脚光を浴びる日も近いと思った観客も少なくなかったのではないか。しかし、残念ながら、その予想は外れる。マリー・ケルヴドンとは、すでに第一線で活躍中の劇作家サラ・ケインの筆名で、パンフレットの略歴はまったくのフィクションだったのである。

ケインは一九七一年生まれ。大学卒業後、大学院に進んで劇作を学んだ。一九九五年、学生時代から書き始めていた戯曲『爆破されて』で、演劇界に鮮烈なデビューを果たす。舞台となっているのは、イギリスの地方都市のホテルだ。中年の新聞記者イアンがケイトという若い女と宿泊している部屋へ突然、外国人兵士が押し入ってきて、ホテル全体が爆破されるという筋立ての劇である。

どのような経緯でそうなったかは劇中で詳らかにはされないが、どうやら外国の内戦がイギリスの地方都市にまで飛び火したらしい。ケイトは逃げ出せたが、イアンは兵士に銃口を突きつけられ、瓦礫だらけの部屋に軟禁されてしまう。兵士はイアンの職業を知ると、自分の恋人がいかにむごたらしい殺され方をしたかを事細かに語って聞かせ、ひろく世間に報道してくれるよう頼む。だが、イアンは彼の話に少しも関心を示そうとしない。すると、兵士は驚くような行動に出る。まるで死んだ恋人の仇を討とうとでもするかのように、イアンを強姦し、彼の両眼に口をつけて眼球を吸い出してしまうのである。

とても二〇代の女性劇作家が書いたとは思えない衝撃的な場面だ。劇の初日の幕が開くやいなや、大きな物議を醸すこととなったのも無理はあるまい。「胸が悪くなるような汚辱の饗宴」と作品を一刀両断にする批評家が多数を占める一方、著名な劇作家の間からは、人間の持つ醜悪な部分を臆せずに直視するケインの真摯さを評価する声も聞かれた。ただ、いずれの見解に与するにしても、この『爆破されて』で、ケインが「残虐行為を赤裸々に描く劇作家」と見られるようになったのは否めない。次に彼女が発表した『パイドラの愛』と『浄化されて』の二作にも、本作に劣らぬ凄惨な描写が含まれていた。

このような事情をふまえれば、ケインが、四作目の戯曲となる『渇望』の第一稿を試演会の舞台にかけるにあたって、マリー・ケルヴドンなる筆名を用いた理由もわかるだろう。『爆破されて』のサラ・ケインの劇という先入観を抜きにして、新作を評価してもらおうとしたのである。『渇望』の完成稿は、試演会から一年半後、一九九八年夏のエディンバラ演劇祭で初演された。

これまでのケインの戯曲の特徴となってきた生々しい暴力描写は、『渇望』にはまったく見当たらない。舞台に四人の男女が登場し、独白とも他の人物との対話ともつかない台詞をかわるがわる口にするだけの作品である。劇が進むにつれて、それぞれの男女が抱えている満たされない願望がおぼろげに浮かび上がってくるが、作者のケインは一貫した物語を紡ぐことに興味はないようだ。彼女の関心はむしろ、台詞のリズムや調べに向けられている。

ひとりの女がノーと言うと、男がイエスと応じ、続いてもう一組の男女が同様のやり取りをくり返す。戯曲の活字として見るだけなら、べつだん印象に残る一節ではない。だが、性別も年齢も異なる四人の俳優が口にすると、この一連の応答はとても耳に心地よく聞こえ、単純な否定と肯定の一語のぶつかり合いは舞台に強い緊迫感を生じさせる。『爆破されて』を酷評した批評家たちも、本作の台詞が織り成す響きとイメージの美しさについては口をそろえて絶賛し、ケインの作風の変化を歓迎した。

しかし、剥きだしの暴力こそ目につかなくなったものの、それ以上に禍々しいものの影がケインの劇中にちらつくようになってきた。『渇望』は、ひとりの男の「光のなかへ」という台詞をきっかけに、全員がその光へ自由落下してゆく自分の姿を語るところで結びとなる。落ちていった先で、みな永遠の幸福を経験するというのだが、この結末は、四人が叶わぬ願いに見切りをつけて、死を選んだとしか解釈できない。ケインは、死がもたらしてくれるであろう慰めを自分の戯曲に書き込み始めたのである。

実際、『渇望』は、ケインの生前に上演された最後の戯曲となってしまった。重度の鬱に悩まされていたケインは、一九九九年二月二〇日、次の作品『四時四八分　サイコシス』を脱稿してまもなく自ら命を絶つ。二八歳の若さだった。絶筆となった戯曲を、そのままケイン本人の遺書として読むのは慎まねばなるまいが、作中には「舌を噛み切ろう、この舌ではあの人と話をすることができないから」などといった台詞が散見される。

（二〇一三年三月）

# 25 「乳と蜜の流れる土地へ」

（シャーロット・ジョーンズ『ハンブル・ボーイ』）
—Charlotte Jones, *Humble Boy*

舞台の上でギルデンスターンは、ハムレットの口からあふれ出てくる言葉に懸命に耳を傾けている。彼は王子の旧い学友だ。先王の逝去以来、とみに奇行が目につくようになったハムレットの本心を聞き出すため、国王クローディアスが宮廷に呼び寄せたのである。国王の意向に忠実であろうとするあまり、ハムレットに疎まれ、ついには命まで落とすことになる人物だが、二〇〇〇年にロンドンのナショナル・シアターで上演された『ハムレット』のギルデンスターンは、任務に対する忠実さが少々度を越していたようだ。彼は舞台の幕が下りてもなお、ハムレットを演じるサイモン・ラッセル・ビールの内心を探ろうと顔色をうかがい続けたのである。

誤解を招くような書き方になったが、このギルデンスターン役の俳優はべつにストーカーではない。彼の妻シャーロット・ジョーンズは劇作家で、新作の第一稿をラッセル・ビールに渡していた。彼は妻から感想をそれとなく聞いてくるよう頼まれていたのである。

ジョーンズは一九六八年生まれ。一九九〇年代後半から劇作を始めた。最初はもっぱら小さな劇場で自作を発表していたが、九九年の『炎のなかで』の成功で劇作家としての自信を深め、次に書いた戯曲を思い切ってナショナル・シアターに送ってみることにした。劇場の文芸係や芸術監督から返ってきた反応は悪くない。あとは俳優である。ジョーンズの考えでは、サイモン・ラッセル・ビールがこの劇を気に入り、主人公の役を引き受けてもよいと言ってくれさえすれば、一挙に上演の話が具体化するように思われた。気を揉んだ彼女が、夫を通じて探りを入れようとしたのも無理はあるまい。かくして二〇〇一年八月、ナショナル・シアターでサイモン・ラッセル・ビール主演の『ハンブル・ボーイ』が初日の幕を開けた。

舞台となっているのは、ハンブル家の広々とした庭である。父ジェイムズの急死の知らせを受けて、若き宇宙物理学者フェリックス・ハンブルが久しぶりにこの家に帰ってくるところから物語は始まる。突然、父を亡くしたショックもさることながら、それ以上に研究者肌のフェリックスのかぼそい神経をかき乱したのは、母フローラの振舞いだった。アマチュアの昆虫学者だった父が大切に庭の巣箱で飼育していた蜂を含め、生前の父の所持品はフェリックスの帰郷前にことごとく処分されていたのである。聞けば、母は早くも再婚を考えているらしい。しかも、その相手のジョージときたら、宇宙物理学と占星術を混同して恥じない俗物だ。葬儀の後、フローラはジェイムズの骨壷をフェリックスに渡すのだが、気持ちの整理がつかない彼は、何日経っても散骨できずにいる。

ここまで筋を書いてくれれば、なぜ主人公フェリックスをサイモン・ラッセル・ビールが演じることが鍵となるのかが見えてくるだろう。一年前に同じ劇場でハムレットを演じた俳優をこの役にキャスティングすることで、本作が下敷きにしているシェイクスピアの悲劇が観客にいっそう明瞭に意識されるのである。

ただ、『ハンブル・ボーイ』は『ハムレット』ほど深刻な劇ではない。思いつめたフェリックスが、庭にあるゴムホースを首に巻いて自殺を図ろうとするような場面もあるが、ジョーンズの筆致は概して軽い。フェリックスがいつまでも庭に父の骨壷を置きっ放しにしておくものだから、酔っ払ったジョージの立小便が骨壷にかかってしまったり、庭で食事会を開けば胡椒入れと間違えて骨壷のなかの遺灰をスープに入れる人が出てきたりといった具合に、面白おかしく物語は進む。そして、この劇がたどりつく結末に血生臭いところはまったくない。

ジョージと再婚することをそろそろ公にしようとフローラが考えていると、フェリックスが一通の封書を持ってくる。ジェイムズ宛の王立昆虫学協会からの手紙で、そこには彼の発見した蜂が新種であることを確証すると記されていた。ジェイムズは、ささやかながら昆虫学者として後世まで残る仕事をしたのである。しかも、彼はその蜂にラテン語で「フローラの蜂」という意味の学名をつけようとしていた。凡庸で退屈な男とばかり思ってきた亡夫が自分に注いでくれていた愛情の深さに胸を打たれ、フローラはジョージとの縁談を白紙に戻すことにする。

そのとき、蜂の羽音がした。庭で仕事中の園丁が、フローラの背後から注意を促す。「女王蜂だ。怒らせないで」。どうやら、巣箱を空にした後も、蜂は庭に残っていたらしい。フローラは、この園丁の声にどういうわけか聞き覚えがあるのに気づく。はっとして振り向くと、そこに立っていたのはやはりジェイムズだった。『ハムレット』の王妃ガートルードの目には、自分の寝室に現れた先王の亡霊の姿がまったく映らなかったのに対し、フローラは目の前の亡夫にやさしく語りかける。

ジェイムズが園丁の姿をしているのは、復活したイエスをマグダラのマリアが園丁と見間違えたという福音書の一節をふまえているのだろう（彼女もまた罪を悔い改めた女性だった）。父の亡霊と母が仲睦まじく語り合っているのを見て、フェリックスはついに散骨の決意をする。「乳と蜜の流れる土地へ」。聖書に記された約束の地へ向けて父の遺灰を撒く。ハムレットは「この世の関節が外れてしまった」と嘆いたが、いまフェリックスは、ばらばらだった自分の周囲がひとつにまとまる思いをしていた。

（二〇一三年四月）

## 26 「彼女のノーはイエスの意味だろう」

（ジョー・オートン『執事は見ていた』）
——Joe Orton, *What the Butler Saw*

いまから六〇年前の一九五三年のことだ。ロンドンの安アパートの一室で、ふたりの男がベッドに並んで腰かけ、熱心にテレビに見入っている。画面に映っているのは、エリザベス女王の戴冠式の中継映像である。「新しい時代の幕開けだ」。興奮して若い方の男がこう口にすると、年長の男は彼を抱き寄せて熱い接吻をした――スティーヴン・フリアーズ監督の一九八七年の映画『プリック・アップ』の一場面だ。このふたりは、実在の劇作家ジョー・オートンとその恋人ケネス・ハリウェルである。

オートンは一九三三年の元日に生まれている。暮らしに余裕のない労働者階級の家庭に四人兄弟の長男として育ち、満足に教育を受ける機会も得られないまま一〇代の半ばから仕事に就いた。単純で賃金の安い事務職を転々としながら、オートンは、退屈な労働の慰めを地元のアマチュア劇団での活動に見出すようになったらしい。演劇好きが昂じて、俳優になる夢を抑えきれなくなった彼は、一九五一年、ロンドンの王立演劇学校に奨学生として入学する。そこで同級生となったのが、ハリウェルだった。

知り合って一ヵ月も経つか経たないかのうちに、オートンはハリウェルと同居するようになった。自分より七歳も年上で学問に秀でていたハリウェルは、オートンにとって個人教師のような存在でもあったらしい。単語を正確に綴ることもおぼつかなかったオートンを、文学の世界へと導き入れたのはハリウェルである。王立演劇学校を卒業した後、俳優として芽の出なかったふたりは、しばらく定職にも就かずに小説を共同で執筆したりしていたが、彼らのボヘミアン的な生活には突如、終止符が打たれることとなる。一九六二年、数十冊におよぶ図書館の本に「芸術的」な落書きをしたかどで、ふたりは起訴され、六ヵ月の懲役を言い渡されたのである。

この服役が、劇作家ジョー・オートン誕生の契機となったと言えるかもしれない。別々の刑務所に収監され、半年間ハリウェルから引き離されたことが、オートンに作品創作のうえでの自立を促したのである。出所後、獄中で構想を練っていたラジオドラマの脚本をBBCに送ってみたところ、めでたく受理され、一九六四年に放送された。この成功に気をよくしたオートンは以後、立て続けに評判の高い舞台作品を発表し、デビューからわずか数年のうちに、ビートルズの主演映画の脚本を依頼されるほどの人気劇作家にまで登りつめる。『執事は見ていた』は、彼が一九六七年に書いた戯曲である。

舞台となっているのは、精神科医プレンティスの診療所だ。ジェラルディンという若い女性が、秘書の求人に応募してくるところから劇は始まる。彼女に家族構成を尋ねると、実の両親とは生まれてから一度も会ったことがなく、育ての母は最近、ガス管の爆発事故で亡くなったばかりだと言う。プレンティスは早速、面接にかこつけて、彼女を誘惑しにかかる。身体検査と称して衣服を脱がせ、診察室のベッドに寝かせたところで、政府の医療機関巡視医のランス博士が視察にやって来た。

診察室に下着姿の女が横になっているのを見て、博士は目を丸くする。プレンティスは女性患者に色仕掛けで迫られたと言い逃れをするのだが、この弁解は事態をいっそう混乱させることとなった。症例に興味を覚えた博士が、自らジェラルディンを診察したいと言いだしたのである。ろくに話も聞かないうちから、博士は、ジェラルディンがプレンティスに色目を使うのは、幼いころ彼に似た父親と性的関係にあったためだと決めつける。ジェラルディンがいくら近親相姦について否定しても、自説を曲げようとしない。「彼女のノーはイエスの意味だろう」。この博士はいったん患者に狂気の烙印を押すと、あとはなんでも自分に都合のよいように解釈してしまう困った精神科医なのである。

しかし、ジェラルディンが所持していたブローチから、思いもよらぬ事実が明らかになってゆく。プレンティス夫人は結婚前、ホテルで客室係をしていたことがある。ある晩、真っ暗なリネン室で何者かに強姦され、子どもを身ごもってしまった。自分で育てるわけにもいかず、里子に出すときに形見として渡したのと同じブローチを、ジェラルディンが持っていたのである。一方、プレンティスも同じころ、同じホテルのリネン室で女性従業員を手込めにしたことがあるのを思い出す。つまり、ジェラルディンの実の両親は、なんとプレンティス夫妻だったのだ。彼女は過去に実の父親から性的対象として見られていたことがあるというランス博士の見立ては、あながち的外れというわけでもなかったのである。

オートンは、この荒唐無稽な筋立ての劇を強烈なイメージで締め括る。ジェラルディンの養母がガス管の爆発事故で亡くなったとき、その遺体にはチャーチル元首相の銅像の一部が突き刺さっていた。劇の結末で、それを警官が引き取りに来る。ジェラルディンが持参した箱から警官が高々と取り出してみせたのは、チャーチルの男根だった。初演の際には、プロデューサーの判断で銅像の損傷部分は葉巻に差し替えられたらしいが、それでも第二次世界大戦を勝利に導いた国民的英雄を冒涜する表現だとして怒りだす観客も少なくなかったという。

残念なことに、オートン自身はこの戯曲の上演を目にすることができなかった。本作を脱稿してから数週間後のある夜、またたく間に自分を追い越して名声を獲得してゆくオートンに嫉妬したハリウェルによってハンマーで撲殺されたのである。ハリウェルも、すぐに恋人のあとを追って服毒自殺する。ふたりの遺体を発見したのは、翌朝、ビートルズの映画の打合せのためにオートンを迎えに来た運転手だった。

（二〇一三年五月）

# 27 「ようやく母の望みは叶えられた」

（アラン・ベネット『カクテル・スティック』）
—Alan Bennett, *Cocktail Sticks*

いまから六、七年前、妹の婚約者と初めて家で会食したときのことである。そろそろ食事も終わろうかというころ、母が「コーヒーでも淹れましょうか」と言って席を立った。よその家の人の目には、ごく自然に見える振舞いだろう。だが、わたしは小さからぬ驚きを覚えた。米飯中心の食生活をしている母には、家でコーヒーを飲む習慣がない。テレビ番組の有名司会者の言葉を信じて、健康増進のためにせっせとココアを飲んでいた時期を除けば、食後に口にするのは緑茶と決まっていた。だいたい、台所にはインスタントの粉末のコーヒーしかないはずだ。

ところが、あらたまった席にはコーヒーの方がふさわしいと考えたのか、あるいは事前に妹から婚約者の好みを聞かされていたのか、母はこの日のために簡易フィルターを用意していたのである。しばらくして、食卓にコーヒーが運ばれてきた。使い慣れない器具で淹れた母のコーヒーは、アメリカン・コーヒーにさらに湯を足したような味がした（母に恥をかかすまいと、なに食わぬ顔で飲み干してくれた義弟に、わたしはいまも感謝している）。この春、ロンドンでアラン・ベネットの新作『カクテル・スティック』を見ていて、ふと頭をよぎったのは、この薄いコーヒーに込められていた母の気持ちだった。

ベネットは一九三四年生まれ。演劇の世界に足を踏み入れることになったのは、彼がまだオクスフォード大学の学生だった一九六〇年、仲間と参加したエディンバラ演劇祭で彼らの舞台が大好評を博したのがきっかけというから、劇作家としてのキャリアは五〇年以上におよぶ。昨年一二月に初日の幕を開けた『カクテル・スティック』は、二〇〇九年に出版されたベネットの自伝の一部を、彼自身の脚色で舞台化した作品である。劇中で語られるのはもっぱら、いまは亡き父と母のことだ。名優アレックス・ジェニングズが演じるベネットの前に両親が現われ、三人の台詞のやり取りを通して思い出が綴られてゆく。

ベネットの父は、イギリス北部のリーズという町で精肉店を営んでいた。けっして楽な暮らし向きではなかったが、かと言って貧困に喘いでいたわけでもない。当時の平均的な労働者階級の家庭だろう。しかし、それは生い立ちにとりたてて他人と変わったところがないということでもある。自分には少年時代というものがなかったというのが、劇作家になってからのベネットの口癖だ。いくら子どものころをふり返ってみても、劇の素材になりそうな面白い体験がなにひとつ見当たらないからである。

ベネットは両親の家の台所の戸棚にカクテル・スティックを見つける（Jayne West 撮影）

平凡な生活を飽き足りなく思っていたのは、ベネットの母も同じだった。美容院での待ち時間に婦人雑誌の頁をめくっては、そこに紹介されている一段上の暮らしに憧れを募らせていたのである。見慣れない野菜や果物が雑誌に載っていると、料理の仕方をよく確かめもしないで買ってくる。あわれなのは、ベネットの父である。以前、洋梨の代わりにアボカドを食後に出されたことのある彼は、妻が雑誌で読んだアーティチョークについて熱心に語るのをひととおり聞いた後、こう言わざるをえなかった。「頼むから、買ってこないでくれ」。

なかでもベネットの母の目を引いたのは、ホーム・パーティーについての記事である。パンの耳を落としたサンドイッチをつまみながら、テーブルのそばに立って談笑している人たちの姿からは、自分たちの生活にはない余裕が感じられた。もう片方の手には、チェリーを浮かべたグラスを持っている。これまで見たことのない飲物だ。「ねえ、アラン。カクテイルというのはなんだい？」。カクテルという正しい発音と、その作り方のいくつかをベネットから教わった母は、いずれ自分の家でもカクテル・パーティーを開いてみたいと思い始めたのだった。

しかし、ベネットの母は突然、鬱病を患ってしまう。入院が必要なほどの病状ではなかったが、それが逆にベネットの父の命を奪うことになった。毎日、自宅から五〇キロも離れた病院まで自動車で妻を送り迎えする疲労がたたって心臓発作を起こし、急死してしまったのである。幸い、そのうち母の症状は軽くなったが、その代わり記憶力が目に見えて衰え始めた。ベネットと話をしているうちに、息子と死んだ夫の区別がつかなくなる。また、ピクニックの途中で羊の群を見かけたとき、なにか言いかけて黙ってしまったこともあった。羊という簡単な単語すら、もう口から出て来なくなっていたのである。

記憶力の低下はさらに進み、ベネットは母を介護施設に入れざるをえなくなった。住む人のいなくなった両親の家に、彼は不要品の処分に出かける。台所の流しの上の戸棚を開けると、そこには封を切った小麦粉の袋や調味料の瓶など、まだ生活の匂いのする品物が並んでいた。ベネットは棚のいちばん奥に、マティーニのグラスにオリーブを添えるときなどに使うカクテル・スティックの入った袋を見つける。新品同様だった。
　ベネットの母は、九一歳で安らかに息を引き取った。葬儀の後、ベネットは参列者が集まって食事をする席を設ける。教会の牧師や親類縁者に挨拶をしながら、彼はふと思う。

「ようやく母の望みは叶えられた」。弔問に訪れた人たちはみな片手に飲物の入ったグラスを持ち、テーブルに並んだサンドイッチやカナッペをつまみながら、さながらカクテル・パーティーのように故人の思い出話に花を咲かせていたのである。

（二〇一三年六月）

## 28 「ぼくは弟の書く話を大好きになると思うから」

（マーティン・マクドナー『ピロウマン』）
——Martin McDonagh, *The Pillowman*

昔々、あるところにひとりの男の子が住んでいた。家が貧しく、いつもみすぼらしい格好をしているせいで、他の子どもたちから仲間外れにされていたが、明るく心根の優しい男の子だった。ある日、町外れの橋のたもとで男の子がサンドイッチを食べていると、一台の荷馬車が近づいてくるのが見えた。駅者台に座っているのは、全身黒ずくめの気味の悪い男である。背筋に冷たいものが走るのを覚えもしたが、誰にでも親切な男の子は、この男に自分のサンドイッチを半分あげることにした。

見るからに貧しそうな男の子が、なけなしの食べ物を分け与えてくれたことに、男は深く心を打たれたようだった。男はサンドイッチを食べ終わると、男の子にお礼をあげようと言った。「さあ、目を閉じて」。しかし、そのお礼とは、靴を履いていない男の子の右足にナイフを突き立て、指を残らず切断することだったのである。切り落とした指を男が側溝に投げ捨てると、いつの間にか集まってきていた鼠がたちまち食い尽してしまった。

精一杯の心遣いをした見返りとしては、あまりにむごい仕打ちであるが、おかげで男の子は後日、命拾いをすることになる。実は、男の子の住んでいたのは、ドイツのハーメルンだった。町にやって来た笛吹き男は、自分の後をついて来られないよう、男の子の右足を不自由にしたのである。見事にひねりの利いた結末だ。『ピロウマン』という劇の主人公カトゥリアンが書いた物語である。

劇自体の作者マーティン・マクドナーは、一九七〇年にロンドンで生まれている。両親ともアイルランドの出身で、マクドナーは子どものころ、毎年のようにアイルランドで夏休みを過ごしたという。現在、マクドナーはイギリスとアイルランド両方の市民権を持っているようだが、この二重性は彼の書く戯曲にも認められる。すなわち、凝った筋立ての話を巧みに語って聞かせるアイルランドの口承文芸の伝統と、ロンドン育ちの都会的感性だ。二〇〇三年初演の『ピロウマン』は、その好例だろう。

舞台となっているのは、ある架空の全体主義国家の警察署だ。売れない物語作家のカトゥリアンが、刑事の取調べを受けている。カトゥリアンには、自分が警察に連行されることになった理由がまったくわからない。当局に体制批判と受け取られるような作品を書いてしまったのだろうかとも考えたが、どうやらそうではなさそうだ。そのうち、拷問にうめく兄のミハイルの声が別の取調室から聞こえてきた。刑事の説明によると、カトゥリアンの書いた物語を真似したらしい幼児惨殺事件がこのところ連続して発生しており、犯人はミハイル以外に考えられないという。カトゥリアンの家から押収された缶の蓋を開けると、中には切断された子どもの足の指が入っていた。

　カトゥリアンは、なにひとつ不自由のない恵まれた環境で育った。彼が初めて物語を書いたのは、ごく幼いころである。好きなだけ買ってもらえる本を読んでいるうちに、おのずと関心が創作にまで広がったのだ。だが、七歳の誕生日が過ぎたあたりから、彼の日常に大きな変化が生じる。毎晩、寝室の隣の頑丈な鍵のかかった部屋から、ドリルの音と子どもの泣き叫ぶ声が漏れてくるようになったのである。夜、ぐっすり眠ることができなくなったカトゥリアンの書く物語は、だんだん暗い色合いを帯び始めた。しかし、皮肉なことに、それが彼の作品をいちだんと魅力的にしたのである。

　それから七年が経った一四歳の誕生日に、カトゥリアンは斧を使ってドアを壊し、隣の部屋に入ってみることにした。彼の目に飛び込んできたのは、彼と同じくらいの年格好の子どもを両親がドリルで虐待している光景だった。この少年こそ、カトゥリアンが生まれて初めて会う兄のミハイルである。カトゥリアンの書く物語に陰影を持たせるべく、両親は夜ごとミハイルの悲鳴を彼に聞かせてきたのだった。カトゥリアンは両親から、彼の作品がコンクールで一等になったことを伝えられるが、素直に喜ぶ気にはなれなかった。その夜遅く、彼は熟睡中の両親を殺害する。以来、カトゥリアンは、長年の虐待で精神に重度の障害を抱えた兄の面倒をひとりで見てきたのである。

別々に受けていた取調べにひと区切りがつき、カトゥリアンとミハイルは留置場の同じ部屋に入れられた。自分の置かれている状況を理解できないミハイルは、退屈しのぎになにか話をしてくれるよう、カトゥリアンに無邪気に頼む。カトゥリアンはピロウマンの話を始めた。不幸な運命が待ち受けている子どもの前に姿を現わし、その子がまだ幸福なうちに自殺をさせる巨大な枕（ピロウ）のお化けの話だ。やがてミハイルが眠りにつくと、カトゥリアンはその寝顔に枕を押し当てて窒息死させる。兄に処刑の恐怖を味わわせたくなかったのである。

その後すぐ、カトゥリアンも殺人の罪で処刑される。最後のお祈りの時間として与えられた一〇秒間で彼が考えたのは、こんな話だ。昔々、明るく優しいミハイルの前にピロウマンが現われた。彼はミハイルに翌日から恐ろしい虐待が始まることを伝え、今夜中に自殺するよう勧めた。しかし、自分が苦しめば、弟が面白い物語を書けるようになると知ったミハイルは、首を横に振る。「ぼくは弟の書く話を大好きになると思うから」。カトゥリアンは、苦しみばかりで終わった兄の人生に気高さを与えたのである。暗い物語にわずかな救いをもたらす見事な結末だ。

（二〇一三年七月）

# 29「ほら、匂いがするだろう」

（ロバート・ボルト『花咲くチェリー』）
——Robert Bolt, *Flowering Cherry*

所変われば品変わるとはよく言ったものだ。イギリスのパブで日本人がなにも知らずにサイダーを注文したら、思っていたのとはまったくちがう飲物が出てきて面食らうことになるだろう。イギリスでサイダーと言えば発泡性の林檎酒、フランス語ではシードルと呼ばれるアルコール飲料のことを指す。ほんのりと甘みがあって口当たりがよく、酒を飲み始めたばかりの一〇代の少年少女（イギリスの法律では一八歳から飲酒が許される）に人気があるようだ。しかし、意外なことにビールよりもアルコール度数が高いため、イギリスの若者は二日酔いのつらさもこの酒から教わるものらしい。若いころ痛い目に遭った記憶が後々まで尾を引くのか、わたしの知り合いのイギリス人は概してサイダーを敬して遠ざけていた。

ただ、自宅の冷蔵庫からサイダーの瓶を切らしたことがないという知人もいた。彼の故郷のイギリス南西部は林檎の収穫量が多い地域で、サイダーの一大産地である。いまから思うに、彼はみんながあまり飲みたがらないサイダーをひとり愛飲することで、周囲に郷土愛を誇示していたのかもしれない。ロバート・ボルトの『花咲くチェリー』の主人公ジム・チェリーも、サイダーをこよなく愛するイギリス南西部出身の初老の男である。保険会社の社員としてロンドンで暮らしているが、台所にはサイダーの樽が据えられている。来客があれば必ず、彼はこの樽からサイダーを手ずから注いで振舞おうとするのだった。

作者のボルト（一九二四－九五年）は、劇作家としてより、『アラビアのロレンス』や『ドクトル・ジバゴ』といった作品を手がけた映画脚本家として、その名を知られているかもしれない。大学卒業後、教師をしながら戯曲を執筆していたが、一九五七年に初演された『花咲くチェリー』の成功を機に、筆一本で生計を立ててゆく決意をしたという。日本では一九六五年に文学座が本作を舞台にかけ、チェリーを北村和夫が演じている。以後、二〇〇七年に北村が亡くなるまで幾度となく再演が重ねられ、チェリーは彼の畢生の当たり役のひとつとなった。

物語は、ある日の夕方、チェリーが会社の同僚グラースを連れて家に帰ってくるところから始まる。例によって樽のサイダーをグラースに注いでやりながら、チェリーが語りだすのは、自分の故郷にいた大酒飲みの話だ。ジェシー・ビショップという名のその男は、毎日一〇リットル近くものサイダーを当たり前のように飲んでいたという。鉄の火掻き棒を素手で曲げることができるほどの力持ちで、果樹園の林檎を収穫するときには、その並外れた力の強さが村中の称賛の的だったそうだ。

故郷の思い出話をするチェリーの口調にはおのずと熱がこもる。それは、彼がいまのロンドンでの生活は自分に向いていないと感じていることの裏返しでもあるだろう。人間はもっと自然に近い暮らしをすべきだというのが、彼の持論だ。故郷に土地を買って林檎の木を植え、春になって木々がいっせいに白い花をつけるのを、いつか妻のイゾベルに見せてやりたいと、彼はしきりに口にする。息子と娘は、こうした父の語る夢を真面目に受け取ろうとはしない。だが、夫が家族を養うために意に沿わぬ保険会社の仕事を長く続けてきたことを知っているイゾベルは、彼に対して相応の敬意と感謝の念を抱いている。

それから一ヵ月ほど経った日のことだ。午後四時過ぎにイゾベルが外出から戻ると、すでにチェリーが台所でサイダーを飲んでいた。夫のあまりに早い帰宅に驚いたイゾベルが事情を尋ねてみても、はかばかしい答えは返ってこない。その後、チェリーから頼まれていた品物を届けに来た苗木屋の話から明らかになるのだが、チェリーはもう三週間も前に会社を解雇されていた。それでも家族の前で体裁を取り繕うために、彼は毎朝八時半に家を出て、どこかで夕方まで時間をつぶしていたのである。妻である自分にさえ、失業したことを正直に打ち明けてくれなかったチェリーに、イゾベルは裏切られたという思いを禁

日本での『花咲くチェリー』の上演。チェリーを演じているのは北村和夫。（文学座提供）

じえない。しかし、夫の美点を信じたいという気持ちも捨てられない彼女は、ある考えをもって外へ出かけてゆく。

　しばらくして帰ってきたイゾベルはチェリーに、ロンドンのいまの家を売って、彼の故郷に林檎園を買おうと持ちかける。彼女は不動産屋に見積もりをもらいに行ったのである。チェリーにとっては、長年の夢を叶える願ってもない好機のはずなのだが、イゾベルの計画の細部にいちいち難癖をつけて、なかなか首を縦に振ろうとしない。そこへグラースがやって来る。チェリーは、彼に再就職の世話を頼んでいたのだった。グラースが持ってきた保険会社の仕事に、チェリーは一も二もなく飛びついた。あれほど熱っぽく語っていた夢すら偽物だったと悟ったイゾベルは、ついに夫のもとから出て行くことにする。

イゾベルが去り、チェリーの心を支えてくれるものは思い出以外になくなった。彼はジェシー・ビショップにならって、鉄の火掻き棒を曲げようとし始める。もちろん、容易に曲がろうはずがない。持病に高血圧を抱える彼の息は、だんだん荒くなってゆく。しかし、そのうち火掻き棒が曲がり始めた。同時に、舞台奥のスクリーンに満開の林檎の花が映し出される。チェリーの心象風景だ。まだイゾベルがそばにいるかのように彼は言う。「ほら、匂いがするだろう」。この台詞の後、チェリーの身体は大きく床に崩れ落ち、もう二度と起き上がることはなかった。

（二〇一三年八月）

# 30　「ここを過ぎれば楽になる」

（リンダ・マクリーン『ゆらめく光』）
—*Linda McLean, Shimmer*

サッカー観戦にかまけて家庭のことはいっさい省みない夫を持った妻のことを、イギリスでは「サッカー未亡人」と呼ぶ。先月、プレミアリーグが開幕して、このように未亡人同然となった女性の数は一挙に増えたことだろう。一方、リンダ・マクリーンの戯曲『ゆらめく光』に登場するヘンという初老の女性は、まったく別の意味でサッカー未亡人だ。彼女の場合、比喩的にではなく文字どおり夫の命をサッカーに奪われてしまったのである。

その日、ヘンの夫はスタジアムへ息子を連れて出かけた。両チームとも一歩も譲らぬ緊迫した展開となり、零対零の均衡が破れたのは残り時間がほとんどなくなってからのことだった。これで試合は決まったと判断して、ふたりが帰り支度を始めたのも無理はない。ところが、スタジアムの出口に向かう階段を下りていると、客席から大歓声が上がった。土壇場で同点ゴールが生まれたのだろう。帰りかけていた観客はあわてて足を止めてグラウンドの方をふり返ったのだが、これが惨事につながった。狭くて急な階段で身体の向きを変えたために足をもつれさせる人が出たのだ。観客は折り重なるようにして倒れ、その下敷きになってヘンの夫と息子は窒息死したのである。

ヘンの娘ミシーにも夫はいない。看護師として病院に勤める彼女は、同僚の医師と同棲していたことがある。ペタルという娘も生まれたのだが、まだ若かった医師は、あまりに早く父親になったことを重荷に感じているようだった。彼はある日、泣き叫ぶペタルとミシーを置いて家を飛び出す。ちょうど玄関口で医師とすれ違ったヘンは、なんとか出て行くのを思い止まらせようとしたが、憔悴しきった彼の顔を見ると、なにも言えなくなったという。以来、ペタルが大学生になるまで、ミシーは彼女を女手ひとつで育ててきたのである。

しかし、最近ペタルの膀胱に悪性の腫瘍が見つかった。すでにかなり進行していて、余命はいくばくもないらしい。ヘンとミシーは奇跡が起こることを願って、夏至の日にペタルをスコットランド西岸のアイオナ島へ連れてゆく計画を立てる。かつてイギリスにキリスト教を広める拠点となった修道院があり、古くから巡礼の地とされてきた島だ。ところが、降り続く大雨のせいで線路が冠水し、列車ははるか手前の駅で止まってしまった。あてもなく歩き出した三人はいま、たまたま目に入った民宿の軒を借り、これからどうするか思案しているところである。

作者のマクリーンは、一九五二年にスコットランドで生まれている。大学卒業後、北欧やアフリカで英語を教える仕事をしていたが、一九九〇年代前半から劇作に手を染めるようになった。『ゆらめく光』は、二〇〇四年のエディンバラ演劇祭で初演された作品である。

特異な構造の戯曲で、劇中で提示されるのは、ヘンとミシーとペタルの三人が民宿に入って、主人や宿泊客としばらくおしゃべりをし、その合間にペタルが何回かトイレを借りるというだけのことだ。ただ、この場面が三度も演じられるのである。くり返されるたびに、その前の回までは口に出されることのなかった登場人物の胸中や昔の思い出が付け足され、同じ台詞もちがった意味合いを帯びて聞こえてくる。そのうち、どこまでが実際に起きていることで、どこからが登場人物の想念なのかが曖昧になってくるのが面白い。そして、三度目に演じられるとき、トイレに入ったペタルは、これまで自分の家族に起こった出来事を自分の願望に合わせて語り直そうとする――彼女が幼いころ、昼間聞いた悲しい物語を、夜ベッドにもぐりこんでからハッピーエンドの話に仕立て直していたように。

彼女はまず、トイレの前で拾った古釘を見ながら想像をふくらませる。例のサッカーの試合が終わる直前、ペタルのお祖父さんが席を立とうとしたとき、手すりから突き出ていた古釘の先がズボンに引っかかった。お祖父さんが釘を外すのに手間取っていると、同点ゴールの歓声に続いて、凄まじい物音が聞こえてくる。階段で観客が将棋倒しになったらしい。怪我人の救助をしていて夜遅く帰ってきたお祖父さんの身体を、ヘンはきつく抱き締めた。

ミシーはお祖父さんの大のお気に入りの娘で、彼女が若い医師といっしょに住むようになってからも、お祖父さんはなにくれとなく面倒を見ていた。ある日、ヘンの作った料理をミシーの家に届けに行くと、部屋で最愛の娘と孫が泣き叫んでいる声がする。急いでドアを開けようとしたら、真っ青な顔をしたペタルの父とぶつかった。お祖父さんは大きな手で若い医師の両肩をしっかりと押さえ、諭すような口調でこう言った。「いまは辛抱する時だ」。

ペタルの父は少し意表を突かれたようだった。彼はてっきり義父に殴り飛ばされるものと思っていたからだ。お祖父さんはさらに言葉を続ける。「ここを過ぎれば楽になる。力を貸してやる」。ペタルの父はその場に泣き崩れ、もう二度とミシーとペタルのもとを離れようなどと考えたりはしないと誓った。

ここまでペタルの話が進んだところで、激痛が彼女の下腹部を襲った。彼女の耳に、生前には会ったことのなかったお祖父さんの声が届く。「ここを過ぎれば楽になる」。ペタルは声のする方へ手を伸ばし、ドアがあるのとは逆の方向へとトイレを出て行く。ヘンとミシーが望んでいたような奇跡は起こらなかった。しかし、観客にとっては奇跡のように美しい幕切れだ。

（二〇一三年九月）

# 31 「セイレーンのようなものなの」

（アンソニー・ニールソン『素晴らしき世界ディソシア』）
—Anthony Neilson, *The Wonderful World of Dissocia*

これまで略歴に書かれてきたこととは相反するが、自分にはまだ子どもがいない——劇作家アンソニー・ニールソンが、いまから五年ほど前に出版された第二戯曲集に付した一文である。一九九八年刊行の第一戯曲集の著者略歴によれば、彼は妻と一〇人の子どもに囲まれて暮していることになっていたのだ。しかし、わざわざ本人が後で否定するのを待つまでもなく、当時、気鋭の新人として演劇界に登場したばかりのニールソンがすでに一〇人の子持ちだなどと、略歴の記述を鵜呑みにした読者が大勢いたとは思えない。むしろ驚かされるのは、記念すべき自分の第一戯曲集にでたらめの略歴をぬけぬけと掲載したニールソンの茶目っ気の方だ。ぎりぎりのユーモアに思わず口元を綻ばせた人もいれば、逆に眉を顰めた人もいたのではないか。ニールソンの書く戯曲はたいてい、このように少々度を越した悪ふざけが随所に散りばめられている。

まず、信頼できる情報にしたがって略歴をまとめておくと、ニールソンは一九六七年にスコットランドに生まれている。両親ともに俳優であったため（父サンディ・ニールソンは後に息子の作品に出演することになる）、物心もつかないうちから頻繁に劇場に出入りしていたらしい。こうした環境に育ったニールソンは、誰から教わるともなく演劇の素養を身につけていったようだ。一九八八年、BBC主催の青少年戯曲コンクールに作品を応募してみたところ、見事に入賞を果たし、ラジオドラマとして放送された。かくして、ニールソンもまた両親と同じく演劇の世界に足を踏み入れることとなったのである。

その後、一九九七年初演の『検閲官』という作品をきっかけに、劇作家アンソニー・ニールソンは一躍有名になる。ポルノ映画の女性監督と検閲官が主人公の劇なのだが、女性監督が検閲官の秘められた性的願望を充たすために、彼の目の前で脱糞してみせる場面が大きな波紋を巻き起こしたのである。ニールソンは、ひろく名前が知られるようになったのと引きかえに、きわどい性描写を好む劇作家というレッテルを貼られることになってしまった。『素晴らしき世界ディソシア』は、ニールソンが作風の転換を図ろうとした作品だ。二〇〇四年に、彼の故郷スコットランドで初演されている。

二幕構成の劇で、第一幕は、三〇代の女性リサのもとへ奇妙な時計屋がやって来るところから始まる。時計屋によれば、リサはアメリカ旅行をしたときに時差と飛行機の遅れのせいで一時間損をしており、このところ彼女の時計、さらには彼女の精神が変調を来たしているのは、この失われた一時間が原因だというのである。失くした時間を取り戻すため、リサは恋人ヴィンスとのデートをキャンセルしてディソシアなる国へ出かけることにする。時計屋に教わった番号に電話をすると、部屋全体がエレベーターに変わった。「横へ参ります」。水平に動く不思議なエレベーターに乗り込み、リサはディソシアへと旅立つ。ディソシアに到着したリサの前に現れるのは、著しく胆力に欠ける「不安官」なる保安官や、近ごろ濡れ衣を着せてもらえなくなったと嘆くスケープゴートという名の山羊など、いかにもニールソンらしいユーモアにあふれた愉快な人物や動物だ。失くした時間を探すのに疲れたリサが路上で横になると、突然地面が割れて白熊が顔を出し、リサを励ましてくれたりする。だが、こうした楽しい冒険も長くは続かない。隣国がディソシアに攻め込んできたのである。リサを守ろうとしてディソシアの住民が次々と戦いに斃れていった後、隣国の王としてリサの身柄を捕えに来たのは、彼女の恋人のヴィンスだった。

そもそもディソシアという国名は、ディソシアティヴ・ディスオーダー（解離性障害）と呼ばれる精神疾患に由来するもので、この「国」は現実とは別のところに位置する異界ではない。リサがディソシアに来てしまったのは、処方されていた薬の服用を怠ったためだ。一見、荒唐無稽と映る劇中の出来事にしても、エレベーターが水平に動き始めると、それに合わせて地下鉄の走行音が聞こえてくるといった具合に、舞台を注意深く見ていれば、実際にはリサがなにをしているか、だいたい推測がつく仕掛けになっている。彼女はただ地下鉄で空港まで出かけたにすぎない。第一幕で観客は、精神を病む女性が体験している世界を目の当たりにさせられたのである。

第二幕の舞台は、リサが入院している精神病院だ。にぎやかだった第一幕とは打って変わって、毎日、無機質な病室でリサが投薬を受けている様子が淡々と描かれる。ある日、ヴィンスが見舞いにやって来た。どうして、ふだんから決まった時間に薬を飲むことができないのかと叱責するヴィンスに、リサはこう答える。「セイレーンのようなものなの」。セイレーンとは、美しい歌声で船乗りを誘惑し、船を難破させる海の怪物のことだ。病的な妄想の世界に引き込まれてはいけないとわかっていても、つい身を委ねてしまうと、リサは言うのである。第一幕でディソシアの楽しさを経験した観客は、リサの気持ちも少しは理解できよう。

愛想を尽かされることも覚悟していたリサだが、ヴィンスの反応は意外に優しかった。「わかるよ。ぼくにとっては、君がセイレーンのようなものだから」。日曜日にまた来ると言って、ヴィンスは病室を後にする。彼が残していったリサへの差入れの袋には、着替えや本のほかに、白熊のぬいぐるみが入っていた。

（二〇一三年一〇月）

# 32 「ぼくにお金の余裕があれば、君のために使うのに」

（シーラ・ディレイニー『蜜の味』）
—Shelagh Delaney, *A Taste of Honey*

いまから半世紀以上も前の一九五八年のことだ。イギリス北西部の工業都市マンチェスターで、テレンス・ラティガンの新作『変奏曲』の初日の幕が開いた。第二次世界大戦前から秀作をいくつも発表しているラティガンは、すでにイギリス演劇界に確固とした地歩を築いている劇作家である。彼としては、ロンドンの舞台にかける前に地方の劇場をいくつか巡演し、観客の反応を見ながら最後の手直しをする心積もりだったのだろう。

この舞台を客席から冷ややかに見ている少女がいた。彼女の目には、ラティガンの劇はあまりに上品すぎて現実離れしているように見え、「自分ならもっとうまく書ける」と思えてならなかったという。観劇後、彼女は勤め先から二週間の休暇をもらい、早速戯曲の執筆に取りかかる。書き上げた原稿をロンドンの小さな劇場に送ってみたところ、すぐに舞台にかけてもらえることになった。

彼女の名前はシーラ・ディレイニー。一九三九年に、マンチェスター近郊のソルフォードという町で生まれている。高校を中退した後、映画館の場内案内係や写真家の助手といった仕事をしながら、文筆業を志す。生まれて初めて書いた戯曲『蜜の味』で演劇界にデビューしたとき、彼女はまだ一八歳だった。同じ時期にロンドンで上演されていたラティガンの『変奏曲』が四ヵ月ほどで閉幕したのに対し、『蜜の味』は翌年、より大きな劇場に場所を移して続演され、一九六一年には映画化までされたのだから、マンチェスターの劇場の客席で彼女の胸に芽生えた自信は、あながち大きすぎでもなかったと言えよう。

舞台となっているのは、ディレイニーの故郷ソルフォードである。ヘレンとジョーという母娘が両手に荷物を抱えて、安アパートに引っ越してくるところから第一幕は始まる。隙間風の入ってくる部屋には暖房がなく、ひとつしかないベッドをふたりで分け合って寝なければならない。見たところ、あまり所持金もなさそうだ。しかし、こうした貧しい暮らしぶりにもかかわらず、劇のトーンがさほど暗くないのは、ふたりがたくましく前向きに生きているからだろう。娘ジョーの友人から、なんでもすぐ都合よく忘れてしまうとなじられたヘレンは、こう言い返す。「忘れてしまうんじゃないの。思い出せないだけよ」。

ヘレンは、お世辞にも身持ちがよいとは言えない女性で、彼女が夫に隠れて一夜かぎりの関係を結んだ男との間にできたのが娘のジョーである。不義の子どもを身ごもったことを理由に夫から離縁された後も、育児そっちのけで男と出歩くのを楽しんできた。彼女は最近、ピーターという羽振りのよい年下の自動車セールスマンからしつこく言い寄られており、再婚の話が持ち上がっている。

一方、まだ一七歳のジョーにしてみれば、ヘレンがいろいろな男にさんざん愛想を振り撒きながら、実の娘の自分のことはろくにかまってくれようとしないのを、恨めしく思わずにはいられない。クリスマスの休みも、ヘレンはジョーを置いてピーターと行楽地へ出かけてしまった。寂しさに耐えかねて、ジョーはジミーという黒人水兵を部屋に招き入れる。いっしょにクリスマスを過ごした後、ジミーは結婚の約束をして基地へ帰ってゆくが、彼の言葉を真に受けるほどジョーは世間知らずではない。ただ、母と同じく、一晩ベッドをともにしただけの男性の子種を宿してしまったことまではさすがに気づいていなかった。

第二幕が始まると、ピーターと再婚したヘレンは新居に移り、代わりにジェフという学生がジョーと暮している。彼は男性の恋人と同衾しているところを大家に見つかって部屋を追い出され、ジョーのアパートに転がり込んできたのだった。同性愛者のジェフとは男女の関係になることはないとわかっているから、おたがい気楽でいられるのだろう。ジョー自身の言葉を借りれば、ジェフは彼女にとって「まるで姉さんのような」存在なのである。炊事や洗濯など家事全般を一手に引き受けてくれるし、妊娠で不安定になっているジョーの気持ちを落ち着かせるために、マザーグースの童謡を歌ってくれたりもする。「ピピンの

二〇一四年にロンドンのナショナル・シアターで再演された『蜜の味』の舞台（Marc Brenner 撮影）

丘に登ったら、ぬかるむ丘に登ったら、かわいい女の子と会った。ぼくにお辞儀をしてくれた。ねえねえ、お嬢さん、ぼくにお金の余裕があれば、君のために使うのに」。ジョーは家庭の温もりというものを、母親のヘレンではなくジェフから教えてもらったのである。

しかし、ジョーとジェフの甘い蜜のような幸福のひとときは、唐突に終止符を打たれることになる。飽きっぽいピーターに捨てられたヘレンが、大きな鞄を提げて戻ってきたのである。母親として家のことを万事取り仕切りたいヘレンには、甲斐甲斐しくジョーの世話をするジェフが邪魔に感じられてしかたがない。事あるごとに、彼につらく当たる。神経の細やかなジェフはたまらず、ジョーがベッドで横になっているうちにアパートを出て行くことにした。ほどなくして、ジョーの陣痛が始まった。ジェフの顔を思い浮かべながら、彼女は童謡を口ずさむ。「ぼくにお金の余裕があれば、君のために使うのに」。ジェフが自分のもとを去って行ったのを、彼女はまだ知らない。

残念なことに、ディレイニーは、この『蜜の味』を上回る戯曲を生涯についぞ書くことができなかった。二作目の『恋するライオン』がまずまずの成功にとどまった後、映画やテレビドラマの脚本の執筆に転じ、二〇一一年に亡くなっている。

（二〇一三年一一月）

# 33 「終わった」

（オーウェン・マカファティ『おだやかに』）
——Owen McCafferty, *Quietly*

遠くまで緑の丘がなだらかに起伏し、斜面で牛や羊がのんびり草を食んでいる——アイルランドと聞いて、まず頭に思い浮かぶのはこのような情景ではなかろうか。丸山薫の詩に「汽車に乗つて／あいるらんどのやうな田舎へ行かう」という一節があるところを見ると、この詩が書かれた一九二〇年代からすでに、アイルランドは日本人にのどかな田園風景を連想させる地名だったようだ。しかし、わざわざ言うまでもないことだが、現実のアイルランドは牧歌的な桃源郷ばかりが広がっている島ではない。ことにイギリス領の北アイルランドでは、プロテスタントとカトリック両派の対立が社会全体に暗い影を落としている。

劇作家オーウェン・マカファティは、一九六一年に北アイルランドのベルファストに生まれている。マカファティが少年だった一九七〇年代は、プロテスタントとカトリックの対立がその激しさをきわめていたころで、彼は自分が通っている学校の教師が両派の抗争の犠牲になるという経験もしたそうだ。大学卒業後、小説家を目指したが、彼の本領は会話の組立ての巧みさにあると気づいた妻の助言に従い、戯曲の執筆に転ずる。「政治に関する言い争いよりも、ふだんの生活や人間関係がわれわれの感情に及ぼす力の方が重要だ」という信念から、北アイルランドの劇作家にしては宗派の対立を主題にすることにあまり積極的でなかったマカファティだが、最新作の『おだやかに』では、長期に渡る紛争が社会に残した爪痕を正面から描き出している。本作は、国境の南側のアイルランド共和国の首都ダブリンで二〇一二年に初演された。

舞台となっているのは、ベルファストのカトリック住民地区にあるパブである。バーテンダーのロバートのほかは、まだ誰も店にはいない。時は二〇〇九年三月二八日の午後六時二〇分過ぎぐらいだろうか。日付と時刻をここまで特定できるのは、実際にこの日に行なわれたサッカーのワールドカップ地区予選、北アイルランド対ポーランドの実況中継が店内に流れているからである。ポーランドから来た移民であるロバートは、母国の応援をしながらテレビを見ている。後半開始早々、北アイルランドが勝ち越しゴールを決めたところだ。

そこへジミーが入ってくる。近所に住む五〇代の常連客だ。いま中継されている試合にはさほど関心のなさそうなジミーだが、一九七四年のワールドカップ本大会に出場したポーランド代表の戦績についてはロバート以上にくわしい。それもそのはずで、彼の父はポーランドとその年のワールドカップ開催国の西ドイツとの対戦をこのパブで見ている最中に、プロテスタントの過激派が店に投げ込んだ爆弾によって命を落したのだった。奇しくも、ジミーは今夜初めて事件の実行犯のイアンとここで対面することになっているらしい。

イアンが店に現れる。ジミーと同じくらいの年格好の男だ。彼は事件後、刑務所に服役して罪を償いはしたが、五〇歳を過ぎたあたりから、鏡に映る自分の顔を直視できないような思いがし始め、犠牲者の遺族と直接会って話をしようと決心したという。もちろん、父を殺した男を、ジミーが温かく迎えるはずがない。激昂してイアンに頭突きを食らわしたり、棘のある言葉でさかんに挑発したりもするのだが、やがてジミーは、爆弾が炸裂したときに父が座っていた場所を指し示しながら、三五年前の出来事を「おだやかに」語り始める。

ジミーはその日、いっしょに試合を見ないかと父から誘われたのだが、好きな女の子のことで頭がいっぱいだった彼は気乗りがせず、家にいることにした。しばらくして大きな爆発音が聞こえてきたとき、彼はすぐに父の身になにが起きたか悟ったという。近所で過激派の標的になりそうなのは、このパブぐらいしかないからだ。最悪の事態を覚悟しつつ現場に赴くと、父の遺体はどこにも見当たらない。間一髪のところで難を逃れたのかと思ったが、かすかな希望は無残に打ち砕かれる。散乱する瓦礫の間から見つかった父のズボンに、脚が片方だけ残っていた。

一方、周囲の大人が始終「カトリックのクソ野郎どもめ」と口にしている環境で育ったイアンは、子どものころから当たり前のように、見張り番や銃の手入れなど過激派の手伝いをしていた。彼にとって、パブの爆破という大役を果たすことは、一人前の男として認めてもらえる絶好の機会だったのである。いま彼は、一六歳の自分がしでかした愚挙を悔い、ただ詫びることしかできない。帰り際に、イアンは握手を求めてジミーに手を差し出す。少し躊躇してからジミーは手を握り返すが、こう言い添えるのも忘れなかった。「ここへはもう二度と来るな」。

テレビのサッカー中継は、北アイルランドがリードを保ったまま終盤を迎えている。土壇場での同点ゴールを期待するロバートの声援もむなしく、終了のホイッスルが鳴った。「終わった」。ジミーがこの台詞で言わんとしたことは、たんにサッカーの試合のことだけではあるまい。彼はグラスのビールを飲み干して、店を出て行く。

しかし、すべてのもめごとが終わったわけではなかった。北アイルランドが試合に勝ったのに乗じて、通りから「ポーランドのクソ野郎ども」「クソ野郎は国へ帰れ」と連呼する声が聞こえてくる。サポーターが暴徒と化して店内に侵入してくるのに備え、店の入口でロバートがバットを構えるところで、劇の幕が下りる。

（二〇一三年一二月）

# 34 「戦争の話はするな」

（ジョン・クリーズ＆コニー・ブース『フォルティ・タワーズ』）
—John Cleese & Connie Booth, *Fawlty Towers*

イギリスとアメリカについて、「言語を除けば、あらゆるものを共有している」と皮肉の利いた警句を残したのはオスカー・ワイルドだが、テーブルマナーに関しても両国の間にはかなりのちがいがあるようだ。つねに右手にナイフを持って食べるイギリス人に対し、アメリカ人はまず料理を全部切り分けた後、ナイフをテーブルに置き、フォークを右手に持ちかえて食事をするらしい。

一九七〇年のことである。イギリス南西部のトーキーという町のホテルに、若いコメディアンの一団が宿泊していた。モンティ・パイソンの面々が、ＢＢＣで放映されている自分たちのテレビ番組の撮影のために、この海辺の保養地に来ていたのである。彼らの目を丸くさせるような出来事が起きたのは、ホテルでそろって夕食を取っていたときだ。グループで唯一のアメリカ人、テリー・ギリアムが右手のフォークで肉を食べていると、ホテルのオーナーがテーブルのそばまでやって来て、ギリアムを叱りつけたのである。「この国ではそんな食べ方はしないんだ」。視聴者の良識を逆撫でするジョークを得意とするモンティ・パイソンのメンバーだが、あまりに良識に欠ける接客態度を目の当たりにしてすぐにホテルを代えた。ただ、ジョン・クリーズだけは、この無礼きわまるオーナーの振舞いに興味を覚え、彼の当時の妻コニー・ブースとともにしばらく滞在して観察を続けることにしたのである。

クリーズは一九三九年生まれ。名門ケンブリッジ大学で法律を学んだ。在学中、自ら執筆もしたコント集を仲間と舞台にかけてみたところ、ニューヨークの劇場にまで招かれるほどの好評を博したことが、弁護士ではなくコメディアンへの道を選ぶきっかけとなった。卒業後、オクスフォード大学出身のコメディアンらもメンバーに加えて、モンティ・パイソンというグループを結成する。一九六九年から放映が始まった『空飛ぶモンティ・パイソン』では、クリーズは一九六センチの長身を生かして、いかにも権威主義的な人物を面白おかしく演じるのを得意にしていた。この伝説的なコメディ番組の制作終了後に、クリーズが妻のブース（一九四四年生まれ）と共同で脚本を手がけたのが『フォルティ・タワーズ』だ。トーキーのホテルが舞台になっていて、バジル・フォルティという礼儀知らずのオーナーの役をクリーズ自身が演じている。

わざと起承転結を崩し、いくつもの短いコントを、合間にアニメーションなどを挟みながら自由につないでゆく形式を採った『空飛ぶモンティ・パイソン』とは対照的に、『フォルティ・タワーズ』は、注意深く練り上げた筋立てで視聴者を笑わせるコメディである。クリーズとブースは、たかだか三〇分の放送時間の一話を書くのに六週間もかかったことがあるという。一見したところ関係がなさそうに見える複数のエピソードが、物語の展開とともに絡まり合ってきて、ひとつの結末へと流れ込んでゆく構成は見事としか言うほかがない。

たとえば、「ドイツ人」という題の回では、バジルは冒頭で、購入以来ずっと床に置きっ放しになっている鹿の頭の剥製を壁に掛けるよう、妻のシビルから言いつけられる。その日は正午から避難訓練の予定が入っているので、早速バジルは作業に取りかかるのだが、ちょうど壁に釘を打とうとしたときに、フロントの電話が鳴り始める。やむなく鹿の頭をいったん下に置いて受話器を取ってみれば、バジルが言いつけを忘れていないか確認するためにシビルがかけてきた電話だった。

ようやく剥製を壁に掛け終えると、時刻はもう正午になろうとしている。バジルは手筈どおりに火災報知機のベルを鳴らしたが、このとき厨房では実際に火の手が上がっていた。スペイン人のウェイターが拙い英語で懸命に火災の発生を伝えようとしても、バジルは「訓練だから安心しろ」の一点張りで取り合おうとしない。しかし、館内にもうもうと白煙が立ち込めてくれば、さすがのバジルも異変に気づく。あわてて消火器を火に向けたところ、消火剤は彼の顔面へと噴出した。卒倒したバジルは、したたかに頭を床に打ちつけ、そのまま気を失ってしまう。

幸い火はすぐに消え、バジルも意識を取り戻した。昼食の時間となり、食堂にドイツ人の宿泊客が入ってくる。「戦争の話はするな」と従業員に言わずもがなの注意をするバジルだが、まだ脳震盪の影響が頭に残る彼自身が守れない。注文を復唱しようとすると、ことごとくナチスの高官の名前になってしまうのである。「どうして、いきなり戦争の話を始めたりするんだ」と憤るドイツ人に、バジルはさらに火に油を注ぐような真似をする。「いきなりポーランドに攻め込んで、戦争を始めたのはお前たちの方じゃないか！」。

事態を見かねた従業員が医者を呼ぶ。注射器を手に近づいてくる医者からバジルは逃げ回り、壁に張りついて身を隠すのだが、そこへ彼が苦心して掛けた鹿の頭が落ちてきた。頭に剥製の直撃を受けたバジルが再び気絶したところで、番組のエンドロールが流れ始める。

一九七五年に第一話が放映された『フォルティ・タワーズ』は、一九七九年までの四年間でわずか一二話しか制作されていない。しかし、残した足跡は絶大で、二〇〇〇年にイギリス映画協会が放送業界の関係者を対象にアンケートを行なったところ、イギリスのテレビ史上最高の連続ドラマとして本作が選ばれているし、バジル・フォルティの名前は英和辞典にも載っている。

（二〇一四年一月）

## 35 「見ているだけで、なにもしないのか」

（ティム・プライス『ブラッドリー・マニングの尖鋭化』）
——Tim Price, *The Radicalisation of Bradley Manning*

夏の演劇祭の期間中、エディンバラでは街のいたるところに急造の劇場が出現する。なにしろ、一ヵ月ほどの間に二五〇〇を超す演目が舞台にかかる演劇祭である。常設の劇場だけではとても追いつかない。そこで、パブの二階や公民館などに簡易の舞台と客席をしつらえて、作品発表の場とするのである。以前、わたしは公衆便所の暗がりのなかで芝居が演じられるのを見たこともある。ここまで突飛な場所ではないものの、昨夏の演劇祭で『ブラッドリー・マニングの尖鋭化』が上演されたのも通常の劇場ではなかった。本作のチケットに上演場所として記されていたのは、夏休みで生徒のいない中学校の校舎である。

この劇の主人公は、タイトルからも明らかなように、アメリカ陸軍のブラッドリー・マニング上等兵だ。イラク戦争に情報分析官として従軍し、そこで入手したアメリカ軍による民間人殺害現場の映像をインターネットの告発サイトに投稿した人物である。いわゆる「テロとの戦い」なるものの実情が全世界に暴露されたわけだが、軍は内部告発者に寛大ではなかった。マニング上等兵は、窓もない狭い独房に長期間拘留された後、利敵行為など二二もの罪状で軍事法廷に起訴され、昨年八月に懲役三五年の判決を受けている（獄中でマニングは、性同一性障害を抱えてきたことを公表し、ブラッドリーからチェルシーに改名した。ただ、本稿では混乱を避けるため、劇の主人公マニングも現在服役中のマニングも「彼」と書くことにする）。

劇の作者ティム・プライスは一九八〇年生まれ。イギリス南西部のウェールズ出身の劇作家である。プライスがブラッドリー・マニングに関心を持ったのは、たんに彼の勇気ある行動に敬服したからだけではなく、自分より七歳年下のこのアメリカ軍上等兵が思春期をウェールズで過ごしたという事実を知ったからだそうだ。アメリカ人の父親とイギリス人の母親との間に生まれたマニングは、両親の離婚後、いったんアメリカを離れ、母親の故郷のウェールズの中学校に通っているのである。

マニングとの思わぬ接点を発見したプライスは、創設されたばかりのウェールズ国立劇場の演目策定会議の場で、彼についての劇を書きたいと申し出る。当時、発表された戯曲がまだ二作しかなかったプライスに新作を委嘱するのは、ウェールズ国立劇場にとって大きな賭けだったろう。二〇一二年四月、『ブラッドリー・マニングの尖鋭化』は、マニングの出身校を含めウェールズ各地の中学校で上演された。わたしが見たのは、初演の好評を受けて実現したスコットランドでの再演の舞台である。

ウェールズの中学にマニングが転入してくるところから話は始まる。クラスでただひとりアメリカ英語を話し、体つきもあまり大きくないマニングは、いじめの格好の標的だ。おまけに彼は癇癪持ちで、かっとなると教師にも口答えをする扱いにくい生徒である。ただ、コンピュータの知識にかけては飛び抜けていて、一〇代にしてすでに友人とウェブサイトを運営していた――こうしたマニングの学校生活の描写は、おおむね事実に基づくもののようだが、プライスはここへ彼自身の想像もつけ加える。マニングがウェールズで受けたであろう教育のことだ。

ウェールズには、普通選挙の実施を要求した一九世紀のチャーチスト運動の参加者に始まって、第二次世界大戦後に社会保障制度の拡充に奔走した労働党議員アナイリン・ベヴァンにいたるまで、連綿とした左派の政治運動の水脈がある。『ブラッドリー・マニングの尖鋭化』の随所に差し挟まれるのは、このような政治家・活動家の功績をマニングが教師から熱心に学ぶ場面だ。後年、イラクでのアメリカ軍の蛮行を黙認できなかったマニングの倫理規範は、ウェールズの中学校でその下地を培われたものだと、プライスは考えるのである。

一八三一年にウェールズ南東部のマーサーで起きた民衆蜂起のことも、劇中の授業で取り上げられる。教師の説明によれば、このとき世界で初めて赤旗が労働者の団結のシンボルとして用いられたそうだが、政府は蜂起を鎮圧した後、首謀者と目された二三歳の若者ディック・ペンダリンを、政府軍兵士の脚に怪我を負わせたとして、証拠らしい証拠のないまま公開絞首刑に処する。明らかに見せしめのための処刑だ。教師はマニングを指名し、自分がペンダリンだったら、絞首台に上がる前にどんな言葉を残すだろうかと尋ねる。マニングは、無実の罪で命を奪われる理不尽さを訴えつつ、同級生を死刑の見物人に見立てて言う。「見ているだけで、なにもしないのか」。

この台詞に込められたプライスの意図は明白だろう。戯曲執筆の時点では裁判を受ける機会すら与えられずに劣悪な環境に拘留されていたマニングとペンダリンを重ね合わせ、中学生のマニングの口を借りて、作者本人の思いを直接観客に語りかけたのである。アジテーションすれすれの手法だが、時事的なこの劇では効果的だ。マニングと同じく、劇作家プライスもまたウェールズの中学校で不正を看過できない道義心を育んできたらしい。

昨年の一二月一七日、マニングは獄中で二六回目の誕生日を迎えた。日本ではその一〇日ほど前の一二月六日、特定秘密保護法案が多くの市民団体や有識者の反対をよそに参議院で可決された。この法律の下では、軍事機密を漏洩した自衛隊員への懲役は、現行法の最長五年から一〇年へと一挙に引き上げられることになる。

（二〇一四年二月）

## 36 「元気だよ、ほら、あれを別にすれば」

（ハロルド・ピンター『あれを別にすれば』）
—Harold Pinter, *Apart from That*

あるアパートの一室に、バートとローズという初老の男女が暮している。夫婦のように見えるが、ふたりの関係は明確にはわからない。冬の寒い日の夕方、バートはこれからどこかへ外出する予定があるらしい。ローズは温かい食事を作ってやり、いろいろと甲斐甲斐しくバートの世話を焼くのだが、なぜか彼の方はずっと押し黙ったままである。バートが出かけた後、ローズが台所のごみを捨てに行こうとして玄関のドアを開けると、戸口に見知らぬ若い男女が立っている。ふたりはアパートの空き部屋を探していて、ここの家主から七号室が空いていると言われたという。七号室は、ほかならぬローズの部屋だ。ローズは気味の悪さを覚えつつも、この部屋にはいま住人がいることを伝え、若いふたりにお引取りを願う。

招かれざる訪問者は、このふたりだけで終わらなかった。彼らが帰るとまもなく、同じアパートの地下室に住む盲目の黒人男性が、ローズに会いにやって来る。彼女の父親から伝言を預かってきたと言う彼は、部屋の中まで上がり込み、自分といっしょに故郷へ帰ろうとせがむ。ローズも、この男のことをまんざら知らないわけでもないらしい。男の頭を撫でるなど親しげな仕草をしているところへ、バートが帰ってきた。彼は部屋に黒人男性がいるのに気づくと、いきなり襲いかかり、何度もしたたかに蹴り上げる。間近で暴力行為を見せつけられたローズは、突然、目が見えなくなってしまう——なんとも不可解な箇所の多い筋立てだ。劇作家ハロルド・ピンターが一九五六年に書いた処女作『部屋』の梗概である。

ピンターは一九三〇年生まれ。高校卒業後、演劇学校で演技を学び、まず俳優として演劇界に足を踏み入れる。『部屋』は、彼が地方の劇場に出演しているときに、大学院で演出の勉強をしている旧友に頼まれて書いた作品である。筋の展開が明瞭な因果関係に則っておらず、登場人物の素性もはっきりと作中に示されない。そのため、とくに変わったところのない日常的な状況設定でありながら、舞台にどこか謎めいた雰囲気が漂う。その後の彼の劇の特徴が、すでに本作に垣間見えるのが興味深い。

学生によって演じられた『部屋』の舞台が有力な批評家の目に留まり、劇評を読んだプロデューサーからピンターのもとに戯曲の執筆依頼が舞い込むようになった。初めての長編戯曲『バースデイ・パーティー』は、酷評を受けて早々と上演が打ち切られたものの、一九六〇年初演の『管理人』で劇作家としての地歩を確かなものとする。当時の観客は、ピンターの書く台詞に新鮮味を感じたようだ。自然で、少しも芝居がかった大袈裟さがない。しきりに口ごもり、言葉を濁して、なかなか心の内を明かそうとしない彼の劇中人物の話し方を指して、ピンタレスク（ピンター風の）という形容詞まで生まれた。

しかし、ピンター自身の公の場での発言は、必ずしもピンタレスクではなかった。一八歳のときに良心的兵役拒否のかどで罰金刑に処せられたこともある彼は（イギリスでは一九六〇年まで徴兵制がしかれていた）、確固とした政治信条の持ち主であり、国内外の人権侵害や差別に対しては、微塵も曖昧さのない抗議の声を上げている。なかでも聴衆の胸に深い印象を刻みつけたのは、二〇〇五年のノーベル文学賞受賞記念スピーチだろう。すでに食道癌に侵されていたピンターは受賞式に出席できなかったのだが、ストックホルムに届けられたビデオ・メッセージのなかで、彼は米英が大義名分もなしにイラクへ侵攻したことを激しく非難し、ブッシュ大統領とブレア首相の両人を戦争犯罪の容疑で国際刑事裁判所に出頭させるべきだとまで言い切ってみせたのである。

ノーベル賞受賞後、ピンターの健康状態はさらに悪化し、新しく劇の執筆に取りかかるのは難しくなってしまった。実際、もはやピンターが本格的な戯曲を発表することはなかったのだが、妻のアントニア・フレイザーが関わっている慈善団体のイベントのために、『あれを別にすれば』という掌編を書き上げている。ゆっくり声に出して読んでも、二分ほどの長さの作品だ。二〇〇六年五月に、ピンター夫妻による本作の朗読会が催されている。

基本的には、ふたりの人物が携帯電話ごしに「調子はどう?」「元気だよ、ほら、あれを別にすれば」というやり取りをくり返すだけの劇である。他人の携帯電話での会話を聞くとはなしに聞いていて、あまりの内容のなさに呆れてしまうことがあったのが、ピンターが本作を書こうとしたきっかけらしい。しかし、ピンター夫妻によって演じられれば、内容に作者の意図していない深みが加わるように思う。「調子はどう?」と尋ねるアントニアに、ピンターが「元気だよ、ほら、あれを別にすれば」と答えるとき、そこに浮かび上がってくるのは、重い病気のことにふれるのは注意深く避けながら、残された日々を労わり合って過ごしている老夫婦の姿ではないか。

二〇〇七年の夏のある日、ピンターは自作の詩をアントニアに語って聞かせた。「覚えておいておくれ、ぼくが死んだら/君はぼくの胸と頭のなかで永遠に生き続ける」。ピンターは、少しもピンタレスクな言葉遣いはせずに、妻への感謝を口にしたのである。この詩を聞いて、アントニアは涙が止まらなくなったという。劇作家ハロルド・ピンターが永眠したのは、それから一年半後の二〇〇八年一二月二四日のことだった。

(二〇一四年三月)

# あとがき

本書は、わたしが所属する銀漢俳句会の結社誌『銀漢』に、「せりふの詩学」というタイトルで二〇一一年四月号から二〇一四年三月号まで連載したエッセイをまとめたものである。古今の優れた俳句にも劣らぬほど鮮明な印象を脳裡に結ぶ台詞を、二〇世紀以降に書かれたイギリスの戯曲のなかから拾い上げてみようという意図で始めた連載であった。

戯曲を選ぶにあたって、文学史や演劇史のうえでの重要性には、ほとんど注意を払っていない。そもそも、わたしの取り上げた台詞の多くは、まだ評価の定まっていない新作劇からのものだ。ただ、日本語での翻訳上演というかたちであれ、実際にその戯曲がかかった舞台を見て、わたしが心底面白く思えたかどうかは大切な基準とした。活字として読むのと、劇場で聞くのとでは、台詞の印象はずいぶん異なってくるからである。また、新年早々、あまりに陰々滅々とした内容の文章が掲載されることにならないよう、各年の一月号にはイギリスの有名なテレビ番組から台詞を拾うようにした。

連載開始の時点で、取り上げたい作品のリストが、すでにわたしの頭のなかにできていたわけではない。お恥ずかしい話ながら、いつも原稿の執筆が遅れ気味で、翌月の劇作家を誰にするかまで気にかける余裕がなかったというのが実情である。それだけに、デイヴィッド・ハロワーの処女作で始めた連載を、ハロルド・ピンターの絶筆をもって締め括ることができたのを、ことさらうれしく思う。間合いや沈黙の長さまで周到に計算された台詞のリズムや響きの美しさ、英語の劇を聞く面白さを、わたしが感得したのは、このふたりが書く劇からだ。

連載を一冊の本にまとめるに際して、加筆は最小限にとどめた。雑誌初出時の自分の文章に手を入れる必要性をあまり感じなかったと言うのではない。むしろ、その逆だ。たとえば、各章の文中にある「今年」や「今月」といった字句は、修正なり削除なりした方が完成度は高まるだろう。しかし、わたしは、その月になぜ自分がその劇を主題にしてエッセイを書こうとしたかを思い出す手がかりとして、掲載号の日付とともにそのまま残すことにした。わたしが連載をしていた二〇一一年から二〇一四年は、東日本大震災を筆頭として、日本に大きな変容をもたらす出来事が続発した時期である。シェイクスピアは、ハムレットに「演劇というものは、社会に向かって掲げられた鏡だ」と言わせている。わたしの試みは、イギリスで書かれた劇に、現在の日本社会の姿を映してみることでもあった。

昨年の夏、エディンバラの劇場で、劇作家のキャサリン・グロヴナー氏とばったり遭遇した。本書でも取り上げた『いつかすべて消えてなくなる』の作者である。劇場併設のカフェでコーヒーを飲みながら久闊を叙しているうちに、いつしか話題が東日本大震災のことに転じ、わたしは、第七章に記したようなきっかけで彼女の作品を思い出したことがあると伝えた。すると、彼女は「自分の劇を覚えてくれているのはありがたいけれど、そのように悲しいエピソードと結びついているのは複雑な気持ちがする」と言って、悲しげに目を伏せた。

それから半年ほど経った今年の三月、グロヴナー氏に本書に掲載する写真を送ってくれるようメールをすると、一一日に返信が届いた――津波の犠牲となった人びとを悼むメッセージを添えて。わたしは、写真を依頼したときに震災のことにはふれていない。遠い異国に住む彼女が、三月一一日という日付を覚えていてくれたことに胸が熱くなった。

もう少し後日談をつけ加えることを許していただきたい。ぶらんこに乗って小生意気な口をきいていた甥は、この春から小学校に通いだした。外で遊ぶよりも、家で折り紙やお絵描きをしている方が好きなようである。実家で母がたまに淹れるコーヒーは、相変わらず薄い。わたしもマーク・トーマスと同様、勤勉をなによりの美徳として生きてきた父親を持つが、幸い、わたしの父は脚がやや衰えたことを除けば健康に暮らしている。

本書は、多くの方のご協力がなければ出版できなかった。まず、結社誌に俳句とは直接関係のないエッセイを三年間も連載することをお許しくださった伊藤伊那男主宰、および武田禪次編集長をはじめとする『銀漢』編集部の方々にお礼を申し上げねばなるまい。とくに、川島秋葉男副編集長は毎月、ゲラに丁寧に目を通して、自分の表現の拙い箇所を直してくださった。また、単行本の出版を引き受けてくださったカモミール社の中川美登利氏と、雑誌『テアトロ』編集部の野地美貴氏と安井武彦氏にも心からの謝意を申し上げる。

谷岡健彦

二〇一四年四月

**谷岡健彦**（たにおか　たけひこ）

1965年大阪府生まれ。東京大学大学院博士課程満期退学。東京工業大学外国語研究教育センター教員。現代イギリス演劇専攻。共著書に『スコットランドの歴史と文化』（明石書店）など。翻訳書としては、コリン・ジョイス『「ニッポン社会」入門』、『「アメリカ社会」入門』（ともにＮＨＫ出版）などがある。戯曲の翻訳も、サラ・ケイン『４時48分　サイコシス』（月曜社『舞台芸術』第８号所収）のほか、現代スコットランドの劇作家の作品を数多く手がけている。

現代イギリス演劇断章
——舞台で聞いた小粋な台詞36

２０１４年６月16日　第一刷発行

著　者＝谷岡健彦
発行者＝中川美登利
発行所＝株式会社カモミール社
郵便番号　１０１－００５１
東京都千代田区神田神保町一－四二－一二　村上ビル
電話番号（〇三）三二九四－七七九一
振替〇〇一六〇－九－一三七五六〇
印刷所＝日本ハイコム㈱
製　本＝日本ハイコム㈱